386

FUTURA

IL A ÉTÉ TIRÉ DE CET OUVRAGE

Cinquante exemplaires numérotés à la presse, savoir :

    25 exemplaires sur papier de Hollande. . . 1 à 25 .
    20 exemplaires sur papier du Japon . . . . 1 à 20
    5 exemplaires sur papier de Chine. . . . 1 à 5 .

AUGUSTE VACQUERIE

FUTURA

DEUXIÈME ÉDITION

PARIS

CALMANN LÉVY, ÉDITEUR

RUE AUBER, 3, ET BOULEVARD DES ITALIENS, 15

A LA LIBRAIRIE NOUVELLE

1890

Droits de reproduction et de traduction réservés

PROLOGUE

PROLOGUE

Les ruines de la Bibliothèque d'Alexandrie.

La nuit. Un homme cherche et appelle.

FAUST.

Hélène ! — Où la trouver dans cet écroulement ?
Hélène ! Apparais-moi ! C'est un nouvel amant
Qui vient à toi de loin, du fond des siècles sombres.
Je cherche ton beau front parmi ces noirs décombres.
Voilà donc le palais où longtemps tu brillas !
Mais César est venu, puis le calife, hélas !
Et deux fois l'incendie a fait un tas de cendre
Du palais où souvent les dieux semblaient descendre.
— Quelles ténèbres ! — Viens. Je n'ai pas de flambeau,
A quoi bon ? n'es-tu pas le jour, étant le beau ?
Aurore, lève-toi ! Rien ? Je tremble. Es-tu morte ?
Voyant comment le monde envers toi se comporte,
T'es-tu réfugiée au ciel, d'où tu venais ?

Vivante, parle ; absente, accours ; morte, renais !
Mais non, non ! tu n'es pas morte, puisque j'existe,
Puisque tout n'est pas mort ! Tant que, joyeuse et triste,
L'humanité poursuit son sillon, tant qu'on voit
Un cœur aimer, un nid dans la fente d'un toit,
Un églantier en fleur, tu vis ! Sans ton haleine
La terre n'aurait plus d'air respirable ! — Hélène !
Hélène ! Hélène !

UN SOLDAT, venu à ses cris.

As-tu fini de nous hurler
Aux oreilles, méchant braillard, et d'appeler
Les morts ?

FAUST.

Est-ce qu'Hélène est morte ?

LE SOLDAT.

Je m'en flatte.

FAUST.

Misérable !

LE SOLDAT.

Oh ! le bel incendie écarlate !
César a commencé, que César soit béni !

FAUST.

Ah ! qu'il soit maudit !

LE SOLDAT.

Soit ! de n'avoir pas fini.
Heureusement, Omar venait. Brillez, les torches !
Que de peuple broyé sous la chute des porches !
Tout a péri.

FAUST.

Cherchons.

LE SOLDAT.

Tu chercherais en vain.
Hélène est morte.

FAUST.

Non ! son visage divin
N'est pas éteint ! Elle est sous ces pierres, blessée
Peut-être, mais non morte. O grande délaissée,
Je viens ôter ce poids qui voudrait t'écraser,
Et je réchaufferai tes lèvres d'un baiser,
Et ton doux cœur va battre, et ta chère paupière
Se rouvrir !

LE SOLDAT, tirant son épée.

Doucement ! A la première pierre
Que tu touches, — ceci te touche.

FAUST.

                    Si tu crois
M'arrêter...

            LE SOLDAT.

        Touches-en une du bout des doigts,
Et je te cloue au sol! Certes, je crois Hélène
Morte, mais il n'est pas de vérité certaine;
C'est pourquoi je suis là, veillant aux curieux,
Et prêt, si par miracle elle rouvrait les yeux,
A les lui refermer.

            FAUST.

        Quelle offense mortelle
Hélène a-t-elle pu te faire?

            LE SOLDAT.

                Elle était belle.

            FAUST.

Eh bien?

            LE SOLDAT.

    Je hais le beau!

            FAUST.

            Qui donc es-tu?

LE SOLDAT.

Qui sait
Ce qu'il est? — Tous l'aimaient; elle resplendissait;
Elle avait la fierté d'un soleil; anathème
Sur elle! Jeunes, vieux, tous s'allumaient! Toi-même,
N'est-ce pas par amour que tu viens jusqu'ici
D'aussi loin que tu dis? Ah! tu l'aimes? Merci:
Tu souffriras!

FAUST.

Quel bien cela peut-il te faire
Que je souffre?

LE SOLDAT.

Es-tu pas homme?

FAUST.

Qu'es-tu?

LE SOLDAT.

La guerre
Et la fureur. Je hais Dieu, l'homme, tout, depuis
L'être jusqu'à la chose, oui, tout, l'eau de ton puits,
La bûche qui te chauffe et l'huile qui t'éclaire.
Je hais le pain. Je hais tout ce qui peut te plaire,
Et tout ce que tu hais ne me plaît qu'à moitié.
Les choses qui te font horreur me font pitié.

Tu dis que ton Hélène est le jour? Ma première
Et ma dernière haine exècre la lumière!
J'abhorre la beauté de la femme, l'esprit
De l'homme, tout ce qui rayonne ou bien sourit,
Le soleil si flambant qu'on le dirait sonore,
Les chefs-d'œuvre, je hais le jour, je hais l'aurore,
Et la nuit elle-même et son beau noir gâté
Où les étoiles font des taches de clarté!
— Va-t'en!

FAUST.

C'est toi qui dois souffrir. — Mais je t'écoute,
Suis-je insensé! pendant ce temps...

Il va vers les pierres.

LE SOLDAT.

Un pas te coûte
La vie!

FAUST.

Éloigne-toi.

LE SOLDAT.

Tu ne toucheras point
A ces pierres!

FAUST.

Tu crois?

LE SOLDAT.

Quand j'ai l'épée au poing,
Celui qui contrevient à mes ordres, je l'aime !
Pare !

Il lève l'épée.

FAUST.

Oui. Voici mon arme, à moi.

Il prend dans la poche de son pourpoint une poignée de petits morceaux de fer, et les jette sur l'épée.

LE SOLDAT.

Qu'est-ce qu'il sème ?
T'imagines-tu donc que ces miettes de fer ?...
— Mais, au lieu de tomber, elles restent en l'air
Et semblent voltiger !... J'en tiens une !... Une lettre
De l'alphabet ! Comment leur a-t-il donné l'être ?
Elles vivent ! Mais oui, ce sont elles ! A, B,
C... Quel secret infâme a-t-il donc dérobé ?
R, O... J'écraserai celle-ci ! Tu me blesses,
Vil métal, mais attends. Disperse ces drôlesses,
Ma bonne épée !... — Eh bien ! est-ce que ton acier
Va s'effarer devant les tours de ce sorcier ?
Aimes-tu mieux frapper l'homme ? A ta fantaisie.

Il veut frapper Faust. Les lettres l'en empêchent.

Ah ! cela vous émeut, vous ? Quelle frénésie !...

Vous vous ruez sur moi? Barrez-moi le chemin,
Si vous pouvez! Tâchez de me piquer la main,
J'en ris. Hai! Mais c'est comme une ruche d'abeilles
En colère. Aiguillons damnés! Dans les oreilles!
Dans les yeux! Leur essaim, de plus en plus serré,
S'enfonce dans ma chair. Je te dénoncerai,
Maudit!... Je n'en peux plus!
Il recule.

FAUST.

Merci, chères vaillantes.
Cherchons vite à présent. — Ces pierres plus brillantes
Doivent l'avoir touchée. Oh! j'approche. — Il fait jour,
C'est elle!

Hélène apparaît.

O Dieu! gisante! Hélène, mon amour,
Ma vie! Elle respire!... — Attends que je relève
Ton front céleste, où saigne une trace de glaive!
O crime horrible! ils ont meurtri ton corps sacré.
Mais me voici, je t'aime, et je te guérirai,
Et je te défendrai contre eux, et de manière
A leur faire éviter l'abord de ma tanière!
M'entends-tu, dis? — Ses yeux se rouvrent!

HÉLÈNE.

Laisse-moi!
Je suis morte.

PROLOGUE.

FAUST.

Tu vas ressusciter!

HÉLÈNE.

Pourquoi?
Pour mourir deux fois?

FAUST.

Non! la vie où je t'appelle
Ne finira jamais! Ni la flamme cruelle
Ni le fer ne pourront désormais te blesser.
Tu verras tout finir et les siècles passer
Impuissants à te faire une ride. — Oh! je t'aime
D'un amour que n'eut pas pour toi ton Pâris même,
Car il ne t'enleva, dans son modeste effort,
Qu'à Ménélas, et moi je te vole à la mort!

HÉLÈNE.

Comment croire qu'un corps de matière fragile?...

FAUST.

Regarde.
Avec un geste de commandement.

Debout, tous! Job, Eschyle, Virgile,
Ésope, Juvénal, Platon, Lucrèce, tous,
Tous! Les lettres sont là qui combattent pour vous,
Venez!

LES GÉNIES, surgissant des ruines.

Qui nous appelle ainsi?

FAUST.

Je vous apporte
Une bonne nouvelle, amis : la mort est morte !
J'ai trouvé le moyen de vous faire immortels.

LES GÉNIES.

Que dit-il?

FAUST.

Vous vivrez à tout jamais, et tels
Que vous êtes. Hélas ! je ne peux pas vous rendre
Ce que stupidement l'incendie a fait cendre ;
Mais quand tous les césars uniraient leurs courroux,
Je leur arracherai ce qui reste de vous !

LE SOLDAT.

Pourquoi les traites-tu comme des imbéciles?

FAUST.

Vivez !

LE SOLDAT.

Ils ne sont pas encore assez fossiles
Pour croire à ton mensonge inepte. Amuse-toi
De cette femme. Étant femelle, elle a la foi.

Elles ont à tout croire une pente si molle
Qu'elles croient quelquefois à leur propre parole !
C'est cela, donne-lui ton immortalité,
Elle te répondra par sa fidélité,
Vos cadeaux se vaudront. — Mais ceux-ci sont des hommes.
De plus, rien que le lieu meurtrier où nous sommes
Leur dit assez... — Mais c'est qu'ils paraissent contents !
Ces moribonds croiraient qu'ils vont survivre au temps !
Quand les trois quarts déjà n'ont plus membre qui vaille !
Quand vous sortez de voir comment la mort travaille,
Il vous faut un orgueil robuste, compagnons,
Pour croire à l'avenir sans fin de vos moignons !
Vous immortels ! on peut vous prendre à cette attrape !
Mais rien qu'en vous touchant...

FAUST.

N'es-tu pas armé? frappe.

LE SOLDAT, tirant son épée.

Lequel?

FAUST.

Tu peux choisir.

LE SOLDAT, à Anacréon.

Voici, vieil éclopé.
L'instant d'être immortel.

Il le frappe. Anacréon tombe.

FAUST.

Il l'est.

Il fait retourner le soldat et lui montre Anacréon debout et souriant.

LE SOLDAT.

J'ai mal frappé.

FAUST.

Recommence.

LE SOLDAT, frappant.

Au cœur!

Anacréon tombe.

FAUST, le montrant debout.

Vois.

LE SOLDAT.

Cette fois je te fauche!

Il le perce de coups redoublés et s'accroupit sur le cadavre.

FAUST.

Non.

LE SOLDAT, revoyant Anacréon sain et sauf.

Qu'est-ce que ceci?

FAUST, le lui montrant ailleurs.

Regarde.

LE SOLDAT.

Encore !

FAUST.

A gauche.

LE SOLDAT.

Encore !

FAUST.

A droite.

LE SOLDAT.

Encore ! encore ! — Ah ! mon sang bout !
N'importe ! j'ai bon bras. Tiens, pare-moi ce coup,
Toi. Crevé. — Tiens, pour toi. S'il vous faut un carnage,
Vous l'aurez. — Vieux fragment, tu veux vivre, à ton âge !
C'est une ambition qui vaut un châtiment,
Accepte-le. — Cher cœur, nous allons gentiment
Nous coucher, n'est-ce pas ? Aide-moi, mort chérie !
— Tiens, toi ! — Tiens, toi ! — Tiens, toi !.. Mais cette boucherie
D'un seul homme ne fait que le multiplier.
Il n'était qu'un d'abord, et j'en vois un millier,
Des milliers, pullulant sous les coups que j'assène.
Il aura découvert quelque méthode obscène
De reproduction. Gomorrhe, va ! J'en vois
De plus en plus. L'infâme est partout à la fois !

FAUST.

Oui, partout à la fois! Et c'est pourquoi, génies,
Vous allez défier toutes les tyrannies;
Car qui serait puissant contre l'ubiquité?
Oui, vous serez partout! Oui, sans avoir quitté
Un lieu, vous surgirez dans tous les autres. Londre,
Francfort, Rome et Paris vous entendront répondre;
Vous serez, de la Seine au Nil, du Gange au Mein,
Les interlocuteurs de tout le genre humain;
Vous vous entretiendrez à la même minute
Avec le maître, avec l'esclave, avec la brute,
Avec l'âtre, l'autel, le trône et l'échafaud,
Tout bas avec la vierge, avec le roi tout haut;
Nul césar désormais ne peut vous faire taire,
Et vous ne finirez qu'avec toute la terre!

LES GÉNIES.

Comment, ô le plus grand entre les inventeurs,
Te remercierons-nous? Mais pour les bienfaiteurs
La bonne récompense est le bienfait lui-même.
Nous t'admirons. Debout sur la cime suprême,
Le tonnerre n'est plus possible que sous toi,
Et tu te dis: — Je suis arrivé!

FAUST.
Non.

LES GÉNIES.

       A quoi
Pourrais-tu maintenant aspirer sans folie?
Après une si grande ambition remplie
Quel autre espoir serait digne de t'agréer?

FAUST.

Je conserve, c'est bien; mais je voudrais créer.

LES GÉNIES.

Quelle œuvre portes-tu dans ta tête puissante?

FAUST.

L'avenir.

LES GÉNIES.

  O géant!

FAUST.

     Que le ciel y consente
Ou non, j'enfanterai le futur être humain.
Je veux être le père immense de demain!
Je veux faire une exquise et noble créature
Qui, dégagée enfin de ce qui nous torture,
Doive tous les bonheurs à toutes les vertus;
Qui, relevant les fronts par le sort abattus
Et frappant de rayons les ténèbres impies,
Soit l'incarnation des grandes utopies!

Hélène, c'est pourquoi je t'arrache au tombeau;
J'avais besoin de toi, car le bien naît du beau!
Et j'ai surtout, s'il faut dire ma vraie envie,
Ressuscité le beau pour susciter la vie.
O ma femme et ma sœur, mets ta main dans ma main,
Et marchons vers le jour levant. De notre hymen
Il va naître l'enfant que plusieurs voient en rêve.
Je serai l'autre Adam et tu seras l'autre Ève!

ACTE PREMIER

SCÈNE I

Une montée rocailleuse et épineuse.

FAUST, à une petite fille qu'il tient par la main.

Viens, ma fille. La route est rude, et tes genoux
Saignent. L'obscurité terrible est contre nous.
Mais, tout là-haut, regarde, une aube pâle brille.
Viens, Futura.

Ils montent et arrivent à un endroit où des gens travaillent.

LES TRAVAILLEURS.

C'est Faust! Que le père et la fille
Soient bénis! Nous souffrons. Notre sol est jaloux
Et dur, et pour épis nous donne des cailloux,
On est toujours à l'œuvre, on a bien de la peine,
Et pourquoi? pour mourir de misère, et de haine,

Car d'autres sont oisifs et font de longs festins.
Mais on dit que tu viens pour changer nos destins.
Dans ce qu'on nous promet de toi, le pauvre est riche,
La terre s'agrandit, la lande se défriche,
Tu sèches le marais et ce vieil assassin
Devient un nourricier, tu guéris le raisin,
Chaque bourg a son rail, le fleuve s'empoissonne,
Et tous possèderont sans qu'on ôte à personne.
Pour effacer ainsi les besoins étouffants,
Que nous demandes-tu ?

FAUST.

Donnez-moi vos enfants.

LES TRAVAILLEURS.

Emmène-les. Holà ! garçonnets et fillettes !
Leur sort est assuré si tu t'en inquiètes.
Ils sont à toi. Voici leur bande au grand complet.

Faust se remet en route avec Futura et les enfants. Quand il a marché quelque temps, d'autres travailleurs accourent à lui.

LES AUTRES TRAVAILLEURS.

On nous dit que l'état des choses te déplaît.
L'homme est encor la bête. Il faut d'abord qu'on mange.
Du cidre dans la cave et du blé dans la grange,
C'est bien. Le corps content, le reste aura son tour.
Tu veux que le bien-être, accrû de jour en jour,

Pénétrant notre chair épaisse d'un peu d'âme,
Change le mâle en homme et la femelle en femme.
Par quel moyen, grand Faust, collaborerons-nous
Avec toi?

FAUST.

Donnez-moi vos enfants.

LES TRAVAILLEURS.

Prends-les tous!
Forme-les! Par toi l'homme en entier se possède.
Hé! mômes!

On voit accourir de loin un paysan.

LE PAYSAN.

Au secours!

FAUST.

Qu'arrive-t-il?

LE PAYSAN.

A l'aide!

Il vient à Faust. Il a un petit garçon avec lui.

Un fait... — Il va falloir une punition
Effrayante!

FAUST.

Quel fait?

LE PAYSAN.

La séquestration
D'un enfant! — Viens, mon Blaise!

Il embrasse le petit garçon.

Avoir l'âme assez vile!...
Menteur! il nous disait son garçon à la ville,
Et l'enfant pourrissait dans un trou!

FAUST.

Conduis-nous.

LE PAYSAN, à l'enfant.

Viens.

Il lui prend la main et marche. Tous le suivent.

Son fils! Je conçois qu'on leur fiche des coups
Pour les faire obéir, et moi-même je rosse
Le mien assez souvent. Mais on n'est pas féroce.
Ce matin, je n'avais encore aucun soupçon.
C'est par ce petit-là — vous voyez mon garçon —
Que j'ai connu la chose. Il sait tout! Il furète
Beaucoup chez les voisins... — Un bruit de voix l'arrête :
Il lâche le prunier, et s'enfuit comme un daim.
Mais, ne voyant personne accourir au jardin,
Il retourne. Le bruit recommence. Il s'approche
Doucement, et surprend le crime. Ah! cœur de roche!

Un père! Il est rentré tremblant et m'a tout dit.
Et moi, pris de fureur contre un pareil bandit,
Je suis venu tout droit te chercher pour qu'on use
De la rigueur des lois. Et je demande excuse
De t'avoir dérangé. — Par là. C'est dans ce bois.

FAUST.

C'est un remercîment, ami, que je te dois.
Et je vais t'en faire un qui te plaira, j'espère :
Ton indignation te prouve excellent père,
Donne-moi ton enfant.

LE PAYSAN.

Pourquoi faire?

FAUST.

Il ira
Où vont ceux que tu vois avec ma Futura.

LE PAYSAN.

Où vont-ils?

FAUST.

A l'école.

LE PAYSAN.

Ah bien, non!

FAUST.

Quel délire
Te prend ?

LE PAYSAN.

Je ne veux pas que Blaise apprenne à lire.

FAUST.

Pourquoi ?

LE PAYSAN.

C'est mon idée.

FAUST.

On donne une raison.

LE PAYSAN.

Livrer mon fils ! Il m'est utile à la maison.
Il travaille déjà, sans trop de coups de trique.
Avec lui, je n'ai pas besoin de domestique.
Ça n'est pas gros, ça mange à peine, au moins chez nous
Refus.

FAUST.

Je le prendrai de force, alors.

LE PAYSAN.

Tout doux !
Malgré moi ?

ACTE I. — SCÈNE I.

FAUST.

Malgré toi.

LE PAYSAN.

Voilà qui serait drôle !
Qui donc l'a fait ?

FAUST.

C'est toi, si j'en crois ta parole.

LE PAYSAN.

Je l'ai fait. C'est mon fils, au nom de quelle loi
Me le prendrais-tu donc ? Mon enfant est à moi !
Depuis quand les enfants ne sont-ils plus au père ?
Je voudrais bien vous voir... — Mais voici le repaire.
Blaise va nous montrer l'endroit.....

BLAISE, *entrant dans le jardin et allant à une étable.*

Tenez, ici.

FAUST.

Holà !

SECOND PAYSAN, *apparaissant à une porte.*

Qui vous permet de violer ainsi
Ma maison ?

FAUST.

Ouvre-nous.

SECOND PAYSAN.

Que le diable m'emporte
Si je vous obéis chez moi !

FAUST.

Forcez la porte.

SECOND PAYSAN.

Qu'on y vienne !

PREMIER PAYSAN.

On y vient !

Il se jette, et les travailleurs avec lui, sur la porte de l'étable. Le second paysan essaye de résister, on le repousse. La porte brisée, on voit un fumier sur lequel gît un petit garçon de l'âge de Blaise, demi-nu et moribond.

PREMIER PAYSAN.

Voyez-vous ? Pauvre enfant !
Un père assassiner son fils ! Le cœur se fend
D'horreur. C'est nous, Sulpice. On dirait un fantôme.
Nous allons t'emmener !

FAUST.

Dis son fait à cet homme.

PREMIER PAYSAN, au second.

Ah ! gredin ! Ah ! sans cœur ! bourreau de ton garçon !
Quel crime a-t-il commis, qu'il est pis qu'en prison ?

Oui, pis! Car en prison ce n'est pas dans la fange
Qu'on couche. On a les soins d'un médecin. On mange.
De quoi nourrissais-tu Sulpice? Compagnons,
Vous voyez son dîner dans un coin. Des trognons
De salade et de choux!

SECOND PAYSAN.

C'est une économie
Que je faisais.

PREMIER PAYSAN.

Oui, joins le rire à l'infamie,
Tu seras payé double! Et ce pauvre petit
Manquait d'air!

SECOND PAYSAN.

Le bon air donne de l'appétit.

PREMIER PAYSAN.

Monstre!

Regardant Sulpice.

Est-il racorni! C'est un bâton de chaise
Que son bras! Croirait-on qu'il a l'âge de Blaise!
Je les ai mesurés, il était le plus grand!
Ah! scélérat! — Allons, le délit est flagrant:
En route! Emmenons-les tous deux, l'un à l'hospice,
L'autre au cachot. Viens-t'en, pauvre petit Sulpice;

Viens, nous te porterons si tu ne peux marcher.
Tiens ! c'est des poux ! Son corps en est couvert. — Boucher !
En prison !

SECOND PAYSAN.

Pourquoi donc ?

PREMIER PAYSAN.

C'est lui qui le demande !
Crois-tu donc qu'on en soit quitte pour une amende ?
Le bagne, sinon mieux !

SECOND PAYSAN.

Qu'est-ce que j'ai commis ?

PREMIER PAYSAN.

Ce que tu... — Misérable ! — Entendez-vous, amis ?
Tu peux le demander dans ce lieu de torture
Où tu donnais la mort à ta progéniture !

SECOND PAYSAN.

Lorsque je déferais ce gamin, eh bien, quoi ?
Qui donc l'a fait ?

PREMIER PAYSAN.

Gredin !

SECOND PAYSAN.

Mon enfant est à moi !

Depuis quand les enfants ne sont-ils plus au père?

PREMIER PAYSAN.

Assez de mots! Otons d'ici cette vipère,
Amis!

FAUST.

Attends. Cet homme...

PREMIER PAYSAN.

On a trop attendu!

FAUST.

A dit un mot auquel tu n'as pas répondu,
Et qui pourtant a dû te frapper, car, si j'ose
M'en souvenir, toi-même as dit la même chose.

PREMIER PAYSAN.

Quoi donc?

FAUST.

Que les enfants sont la propriété
Des pères.

PREMIER PAYSAN.

C'est certain ; mais tout est limité,
Et l'abus...

FAUST.

La loi dit que le propriétaire
A le droit d'abuser. Et, pour ne te rien taire,
Il ne me paraît pas prouvé que ce chrétien
Abuse de son fils autant que toi du tien.

PREMIER PAYSAN.

Moi ! je...

FAUST.

Tu lui devrais un peu plus d'indulgence :
Il séquestre le corps et toi l'intelligence.
Où donc le pire mal? Sous prétexte qu'il est
Le père, il fait du pauvre enfant ce qui lui plaît?
Il le tient expirant dans cette pourriture,
Sans pain? Le pain n'est pas la seule nourriture.
Son fils n'a pas ce dont la bouche se nourrit?
Tu refuses au tien l'aliment de l'esprit.
Si l'air manque à Sulpice, un autre air manque à Blaise.
Pas l'air matériel, il le respire à l'aise,
Ses deux poumons en sont gonflés, mais l'air moral,
Le savoir. Oui, l'aspect de Sulpice est spectral;
Il est chétif, il fait une piteuse mine
Auprès d'enfants du même âge ; mais examine
Blaise, non au dehors, mais, si tu peux, au fond,
Et vois ceux de son âge et les progrès qu'ils font,

Leur croissance en histoire, en art, en tout; peut-être
Cette comparaison te fera reconnaître
Dans quel honteux état de dépérissement,
A quelle extrémité de racornissement
Sa misérable enfance, au dedans, est laissée
Et quelle naine maigre et pâle est sa pensée!
Autre grief : tu vois la vermine ronger
Sulpice? Lorsque Blaise était dans ce verger,
Qu'y faisait-il? d'où vient qu'il trouve inopportunes
Les voix qu'il peut entendre et qu'il lâche les prunes?
Il volait! Sur ce point encore, ton enfant
N'a pas près de Sulpice un lot bien triomphant,
L'un rongé par les poux et l'autre par les vices.
Quoi que cet homme ait fait, il faudrait que tu visses
Ce que tu fais toi-même avant de l'accuser,
Et tu serais prudent peut-être de peser
Lequel des deux commet l'acte le plus infâme,
Le meurtrier du corps ou l'assassin de l'âme!

PREMIER PAYSAN.

Tous ces raisonnements où je ne comprends rien...

FAUST.

Donne-moi ton enfant, ou laisse-lui le sien.

PREMIER PAYSAN.

On ne peut pas laisser un corps sans nourriture !

FAUST.

On ne peut pas laisser un esprit sans lecture !
— Prenez ces deux enfants.

SECOND PAYSAN, résistant.

Je mords !

PREMIER PAYSAN, résistant.

Je suis brutal !

On les maintient et on prend les enfants.

FAUST.

C'est bien. L'un à l'école et l'autre à l'hôpital.
Et nous les guérirons, car ce sont deux malades.
En marche !

A quelque distance, une foule.

LA FOULE, à Faust.

Sois béni par toutes nos peuplades !
Je mourais, mais devant ta fille je renais.
O divin Faust, ayant appris que tu daignais
Te charger des enfants, nous t'amenons les nôtres.

FAUST.

Continuons.

UNE AUTRE FOULE.

O toi le plus grand des apôtres,
Veux-tu prendre nos fils et nos filles?

FAUST.

Merci.
Allons. Nous approchons.

Bientôt on voit surgir un vaste édifice. — A Futura.

O mon plus cher souci,
Le moment est venu. Voici l'école.

Grande foule devant l'édifice. On y monte par des degrés larges et nombreux. Au haut des degrés, les génies. Faust monte la moitié des degrés.

FAUST.

Maîtres!
J'amène à vos leçons ces apparences d'êtres,
Car, pour parler vraiment, l'ignorant n'est pas né.
C'est par l'enseignement que l'enfant est mené
A terme, et, jusqu'au jour où votre doigt de flamme
Le touche au front, il n'est que l'embryon d'une âme.
Donc, vous tous, Job, Shakspeare, Homère, Rabelais,
O vrais pères! voici nos enfants, faites-les!

Faust achève de monter. Les enfants le suivent.

SCÈNE II

Dans une plaine.

UN ENFANT.

C'est trop assommant d'aller à l'école !
On est en plein air, le ciel est tout bleu,
On joue, on se fâche, on se cogne un peu,
Tout à coup, c'est l'heure, il faut qu'on se colle.

Vingt dans une boîte où cinq jouerait mal.
Le maître est injuste. Hier, il me condamne
Au piquet avec les oreilles d'âne
Parce qu'on m'avait traité d'animal !

J'avais commencé, c'est vrai, le grabuge
Par un coup de poing au travers du né.
J'ai nié d'aplomb, mais Jean a saigné ;
Mouchard ! Et voilà comment on nous juge !

Aussi c'est la faute à papa. Quel bien
Ça lui fera-t-il que j'apprenne à lire?
Je n'apprendrai pas, d'abord. Je déchire
Mon livre. On n'est pas un homme pour rien!

Ce sont les serins qu'on doit mettre en cage!
J'ai donc eu raison de faire semblant
D'aller à l'école et, tout en tremblant,
De filer tout droit au fond du bocage.

Depuis ce matin, j'erre, en vrai garçon!
Je suis très heureux; tant pis pour mes manches,
On les recoudra; je casse des branches;
J'ai trouvé deux nids dans un seul buisson.

Quand on prend les œufs, il faut qu'on évite
Le bec de la mère; ont-elles gueulé!
J'avais les deux nids. Près du champ de blé,
Je les ai jetés pour aller plus vite.

Aller! rien qu'aller devant soi, c'est bon!
J'ai quitté le bois, je suis dans la plaine,
Et j'y vas si fort que j'en perds l'haleine.
Je voudrais toucher l'horizon d'un bond,

Défier l'oiseau libre dans l'espace,
Voir des lieux nouveaux, respirer de l'air,
Échapper à tout, fuir, être l'éclair
Qu'on n'a pas le temps de voir et qui passe,

Aller devant moi, ne jamais m'asseoir,
Enjamber le mont, naviguer sur l'onde,
Me lancer d'un bout à l'autre du monde !
Et puis, n'avoir pas à rentrer ce soir.

Je serai puni. Cette peur me gâte
Le plaisir présent. Le bonheur complet,
C'est quand on s'en va de vrai... — Mais quel est
Cet homme qui vient avec tant de hâte ?

Son rude soulier ferré sous le cuir
Éparpille au loin les cailloux qu'il touche.
Tout en tremble. Il va d'un pas si farouche
Que derrière lui le sol semble fuir.

C'est un étranger. Il a l'air austère,
Mais bon. S'il voulait me prendre avec lui !
Voyager, quel rêve ! On n'a plus d'ennui.
On est l'habitant de toute la terre !

Les jours doivent-ils vous paraître courts !
— Voyageur, pareil à l'aigle qui vole,
Sauve-moi, papa m'envoie à l'école !
Il veut que j'apprenne à lire, au secours !

J'ai pu m'évader de cette boutique.
Permets qu'avec toi j'aille au loin trotter,
Fais que je sois libre ! et pour m'acquitter
Je te servirai comme un domestique.

Si je retournais, mon père est rageur.
Et puis, en dehors de ce qu'il m'apprête,
Voici très longtemps que j'ai dans la tête
Cette ambition d'être un voyageur.

LE VOYAGEUR.

Est-ce un voyageur celui qui promène
Ses talons des pics neigeux aux prés verts ?
Enfant, il existe un autre univers
Plus grand que le tien : la pensée humaine.

Pour aller plus loin que cet horizon,
Pour traverser mieux que l'Èbre ou le Tibre,

Apprends l'alphabet. Tu veux être libre ?
Apprends. L'ignorance est une prison.

Voyageur ? si c'est ton plaisir de l'être,
Ramasse ton livre où tu l'as jeté.
Épèle ! et retiens cette vérité
Que la clé des champs s'appelle la lettre.

Sois le voyageur immatériel.
Quelle mer, le drame ! et quel promontoire,
L'ode ! Tout alors t'appartient ! L'histoire
Te donne le temps, l'algèbre le ciel.

On partage alors la grande aventure
De ceux qui s'en vont derrière aujourd'hui
Découvrir demain, et l'œil ébloui
Voit surgir là-bas la cité future.

Retourne au taudis d'où tu t'échappas.
Et, si tu veux être exact à la classe,
Tu visiteras sans quitter ta place
Des lieux si lointains qu'ils n'existent pas !

J'ai fait en trente ans un pauvre sillage.
T'es-tu demandé, quand tu m'as parlé,

D'où vient que j'allais de ce pas ailé ?
C'est que je regagne enfin mon village.

Ceylan, le Japon, la Terre de Feu,
Je reviens d'endroits que ton âme envie,
Et je vais passer mon reste de vie
Dans un trou, voulant voyager un peu.

Je lirai. J'ai cru que traîner la patte
C'était voyager ; j'étais insensé.
Apprends. L'ignorant gît dans un fossé.
Qui ne sait pas lire est un cul-de-jatte.

L'ENFANT.

Cul-de-jatte ! est-il idiot ! Il court !
Pour rentrer chez lui ! Va-t'en dans ta niche !
— Mais voici quelqu'un encor. Je me fiche
De l'autre... — Monsieur !... Monsieur !... Est-il sourd ?

Non, c'est qu'il lisait. Ma foi, je l'arrête
Par l'habit. — Veux-tu m'emmener là-bas,
Bien loin, n'importe où ? Tu ne réponds pas ?
Ah bien, s'il est sourd tout de bon, c'est bête.

Mais non, ce sera très drôle plutôt.
Un sourd! je pourrai lui dire à lui-même
Tout haut qu'il est laid, et je veux qu'il m'aime!
— Daignez m'emmener avec vous, vieux pot!

LE SOURD.

Je suis sourd. Si c'est ce qui te fait rire,
Tu n'es pas très bon. Que puis-je pour toi
Cependant? Pour être entendu de moi,
Voici mon carnet, tu n'as qu'à m'écrire.

Ne sais-tu pas? Non? Et les incomplets,
Tu crois que c'est nous! Au moins tu sais lire?
Non plus! En ce cas, c'est à moi de rire.
Je ne suis pas sourd, et c'est toi qui l'es.

Moi sourd? J'ai quelqu'un qui veut bien me suivre
Partout où je vais, et dont l'entretien,
Sans te rabaisser, vaut au moins le tien,
Et je n'en perds pas un mot. C'est ce livre.

Le monde qui parle à ma surdité
Peut avec ton monde accepter la joute.

J'ai mes rossignols : les vers; et j'ajoute
Qu'ils chantent l'hiver, eux, comme l'été.

Je ne t'entends pas, quel destin sinistre !
Ni le chien qui jappe après mes talons,
Ni l'âne qui brait, ni dans les salons
Tous les intrigants louer le ministre,

Ni dans les cafés tous les polissons
Du front du génie insulter le lierre.
J'entends Cervantès, Tacite, Molière
Et Dante. Sophocle et moi, nous causons.

Nul éloignement n'éteint ni n'altère
Mon ouïe énorme. Un journal ouvert,
Et j'entends d'ici parler le Cap-Vert.
Je suis l'auditeur de toute la terre

Et de tous les temps ! J'entends les débats
Du Forum, et ceux du Pnyx, et Socrate
Pardonner sa mort à sa ville ingrate,
Et ce que lui dit son démon tout bas,

Et le premier mot prononcé par l'homme
Sous le regard d'or du premier soleil,

Et, quand le serpent souffle son conseil,
Le bruit des dents d'Ève à travers la pomme !

Tu vois que j'ai droit d'être le moqueur ;
Je ne le suis pas, quelque droit que j'aie ;
Les infirmités n'ont rien qui m'égaie,
Moi. Je te plains, fils, du fond de mon cœur.

Le sourd est celui qui ne sait pas lire.
J'ai pitié de toi ! j'ai pitié de toi !
Apprends l'alphabet, vite ! — Et laisse-moi,
Pauvre petit sourd, écouter Shakspeare.

L'ENFANT.

Cul-de-jatte ! avait dit l'autre brutal.
Puis, sourd ! Ils se sont partagé les rôles...
— Tiens ! d'où sort ce vieux dont les yeux sont drôles ?
Aveugle ! C'est donc ici l'hôpital ?

Sans guide ni chien ! je crois qu'il est ivre.
Essayons encore une fois. — L'ancien,
Est-ce que tu veux que je sois ton chien ?
Cet aveugle au moins n'aura pas de livre !

HOMÈRE.

L'aveugle, c'est toi. S'il t'est importun
D'être compagnon de route d'un livre,
Sache donc à qui ton offre te livre.
Je n'ai pas de livre, enfant: — j'en suis un!

Ton regard ne voit qu'une chair sénile,
Un vieux, un mourant dont les yeux sont morts.
C'est que ton regard ne voit que le corps.
Tu me crois cent ans, et j'en ai trois mille,

Et je suis le jeune et le radieux!
Et l'humanité de mon aube est pleine!
Je suis la beauté terrible d'Hélène
Et je suis l'éclat de rire des dieux!

L'aveugle, c'est toi qui ne vois pas même
Que tu ne vois pas, dont les yeux, tout grands
Ouverts, voient les miens fermés, et qui prends
Pour un moribond l'éternel poème!

Je ne puis vieillir, étant immortel.
Ceux que j'ai chantés ne sont plus en vie,

Troie est disparue, Argos l'a suivie,
Mes douze grands dieux n'ont plus un autel.

D'autres dieux sont nés et sont morts, — je reste !
Le temps à mes pieds est tombé vaincu.
Et sais-tu pourquoi j'ai seul survécu ?
Parce que je suis le voleur céleste !

Parce que je vole au divin flambeau
La flamme qu'aucun déluge ne noie !
Parce que la nue en vain me foudroie
Et que je rapporte aux hommes le beau !

Tes yeux pour le beau n'ont pas de prunelle.
Oh ! tu crois le voir. Tu vois, c'est certain,
Les fleurs, les forêts, les nids, le matin,
L'aigle dans le bleu déployant son aile,

Tu vois resplendir innombrablement
Ces soleils qu'iront habiter vos âmes,
Tu vois mieux, tu vois la beauté des femmes,
Et l'aveugle plaint ton aveuglement.

Oui, tu vois le beau qu'un jour décomplète,
Qu'un nuage éteint, qu'emporte le vent,

Et tu te mettras à genoux devant
Des commencements exquis de squelette.

Le peu de temps vient du peu de beauté.
Ce n'est pas le beau puisqu'un ver le ronge !
Ce n'est pas le beau, c'en est le mensonge !
Il ne cesse pas, il n'a pas été !

Enfant, as-tu vu des perles si belles
Que tu comprenais la témérité
Du plongeur qui s'offre au gouffre irrité
Et se bat avec l'Océan pour elles ?

Il revient du fond de la mer, joyeux
Pour une que tient sa main demi-morte.
Imagine alors celles que rapporte
Du fond de l'azur le plongeur des cieux !

SCÈNE III

Sur une pente.

LE ROCHER.

Oh! comme ce doit être admirable de vivre!
A peine si j'éprouve, au plus aigre du givre,
Ou lorsque juillet vient incendier l'azur,
Un sourd tressaillement dont je ne suis pas sûr.
Quand donc existerai-je? Oh! si j'étais un chêne!
Oh! sentir circuler la sève dans sa veine,
Bouger, trembler, frémir, se tordre, se baisser,
Rendre aux vents leur soufflet, aux brises leur baiser,
Souffrir lorsque l'hiver fait de vous un squelette,
Haïr novembre, aimer avril qui vous complète
Et qui n'a qu'à toucher votre ramure en deuil
Pour vous empanacher de verdure et d'orgueil,
Voir remuer son ombre au soleil qui la tranche,
Avoir ce colossal bonheur d'un bout de branche

Qu'une fauvette fait plier, bercer les nids,
Et du vague frisson de ses jets infinis
Soutenir doucement le bouvreuil qui fredonne,
Et posséder la vie à ce point qu'on la donne
Et qu'on voit de ses glands surgir des fils joyeux,
— Et tous les ans monter d'un degré vers les cieux !

LE CHÊNE.

Qu'appelles-tu monter? C'est vrai, mon front superbe
S'élève un peu plus haut que celui du brin d'herbe,
Mais est-ce que le sol ne me tient pas le pied?
Je remue? à quoi bon? Le passant qui s'assied
Se lève, le bateau qu'on amarre à la grève
Se démarre et s'en va, le nuage et le rêve
S'enfoncent éperdus dans les cieux élargis,
L'eau court, le lièvre fuit, le ver rampe, — je gis.
Je suis le prisonnier de la terre profonde.
Et, que la feuille tombe ou que la neige fonde,
Chauve ou chevelu, nain ou géant, ma prison
Me conserve, — et partout au fond de l'horizon
J'entends un vague appel de voix mystérieuses.
Comme il doit se passer des choses curieuses
Derrière ce coteau qui m'empêche de voir !
Quel éblouissement d'aller, d'être le soir

Où l'on n'est pas le jour, d'admirer, de connaître !
On se transforme alors ! vagabonder, c'est naître
A chaque pas ; on mêle à soi le continent,
L'océan, le vallon, le mont, l'homme, et, prenant
A la terre et prenant au ciel, ou amoncelle
Dans son être agrandi la vie universelle.
Moi, faire un pas, oui, rien qu'un pas, je ne le puis.
Tu vois un malheureux qui meurt au fond d'un puits.
Je donne la vie ? oui, la mienne. Oh ! quelle chaîne !
Oh ! quel être chétif et débile qu'un chêne !
Sais-tu de qui suis jaloux ? du roitelet.
Pendant que ton désir d'être en bois s'exhalait,
J'en regardais un. Tiens, le voici qui sautelle
Sur mes branches ; attends un peu ; sa petite aile
S'ouvre : — cours après lui ! Tous ces joyeux marmots
Qui viennent un moment jouer dans mes rameaux
Et qu'on dit mon plaisir — sont ma grande amertume.
Car qu'est-ce que la feuillle à côté de la plume ?
Ils viennent s'il leur plaît, et s'ils changent d'avis
Ils s'en vont. Moi, je reste. Et tu crois que je vis !
Et tu rêves que j'aime avril ! Ce qui me charme,
C'est l'hiver, c'est l'horreur du vent, c'est le vacarme
Des trombes d'équinoxe, et l'air est à mon gré
Quand je vois accourir le nuage effaré,
Et venir de partout sur moi des avalanches

De souffles, et l'autan s'engouffrer dans mes branches
Et les casser, jamais autant que je le veux,
Et l'ouragan passer son poing dans mes cheveux
Et me cogner le front sur les roches voisines
Et m'arracher du sol tenace, et mes racines
S'émouvoir, et la terre autour de moi trembler,
— Car il me semble alors que je vais m'envoler !

L'AIGLE.

Chêne, ancêtre des bois, colosse des pelouses,
Je ne sais vraiment pas pourquoi tu me jalouses.
Parce que tu me vois quitter un peu le sol
Et m'agiter, cela te fait l'effet d'un vol.
Tu dis : « Il va ! » Mais où ? Quel idéal m'invite ?
Quel bonheur espéré me fait courir si vite ?
Dans l'espace sans borne où je parais lâché,
En six mille ans, quel est le but que j'ai touché ?
Quel chemin m'a conduit à de nouveaux usages ?
Qu'est-ce que j'ai de plus que l'aigle des vieux âges
Et qu'est-ce que ma race aura de plus que moi ?
Que de fois, dans le bleu de l'air ou dans l'émoi
Des nuages tonnants, tandis que tu m'envies,
Sentant crier en moi mes faims inassouvies,
Mon vol humilié réfléchit tristement
A l'immobilité de tout son mouvement,

Et que de fois, après une course enragée
Où j'ai voulu trouer le ciel, découragée,
Mon aile misérable et collée à mon flanc
Me laisse retomber jusqu'au haut du Mont-Blanc !
J'en suis, après vingt ans de lutte et de colère,
Au point où j'en étais avant de quitter l'aire
Où, dans un jour mauvais, ma mère m'a couvé.
Je n'étais pas parti que j'étais arrivé.
Nous sommes, je ne sais par quel sombre anathème,
A perpétuité condamnés à nous-même.
Aujourd'hui nous rabâche hier, et le ramier
Sera le dernier jour ce qu'il fut le premier,
Et l'ibis restera l'ibis, et l'hirondelle
A beau sortir d'Europe, elle ne sort pas d'elle,
Et le libre condor ne s'évadera pas,
Et je traverserai les cieux sans faire un pas.
Apparences d'essors que l'azur semble attendre
Et qui ne le touchons que pour en redescendre,
Nous ne vivons pas plus que le bois ou le grès.
Le véritable nom de la vie est Progrès.
C'est l'homme seul qui vit, car l'homme seul progresse !
Pourquoi ? parce qu'il a la puissance maîtresse,
La parole ! non pas le bruit que nous faisons,
Toi quand le vent emplit tes rameaux de frissons,
Moi quand mon cri répond au cri de la tempête,

Mais la parole énorme, et que l'encre répète,
Et qui par le grand Faust va s'immortalisant.
L'homme d'autrefois parle à l'homme d'à présent
Et la race existante à la race future.
Les mots, par cette immense et suprême écriture,
Prennent possession de l'espace et du temps.
Et personne ne meurt, et tous s'en vont contents
Léguant leur vie au monde, et sans cesse tout change,
Tout augmente, et l'enfant, héritier dès son lange
De tout ce qui s'est fait, écrit, dit, chuchoté,
Dans sa goutte de lait tette l'humanité.
Et le marmot qui bave a cent milliards d'âmes !
Et, toujours s'accroissant de nouveaux amalgames
D'hier dans aujourd'hui, d'aujourd'hui dans demain,
Prenant les horizons avec sa grande main,
Pour flèche ayant le rêve et l'infini pour cible,
Et sur le chimérique abattant l'impossible,
Celui qui parle, et qui dès lors est immortel,
S'emparera d'abord du monde, après du ciel.

SCÈNE IV

Sur la terrasse d'un palais.

Une table magnifiquement servie. Au haut de la table, Faust, entre Hélène, toujours aussi jeune, et Futura, devenue jeune fille. A leur droite et à leur gauche, les génies. Puis les écoliers. Plus bas, une foule.

FAUST, se levant.

Nous fêtons le grand jour où Futura m'est née.
Comme je te bénis de me l'avoir donnée,
Hélène, ma beauté, mon éternel transport !
C'est toi qu'il faut ici remercier d'abord.
Tu m'as fait deux présents admirables, toi-même,
Puis Futura. Souffrir est aisé quand on aime ;
Bien souvent nous avons tremblé, pour une toux,
Pour rien ; au moindre mal, elle les avait tous ;
Comme tu la soignais ! Comme tu l'as couvée !
Par quel acharnement tu nous l'as conservée !
Toujours là, jour et nuit, veillant, la réchauffant.
Combien de fois la mère enfante son enfant !

Aux génies.

Soyez remerciés après, vous qu'auréole
Cette grande clarté qui sort de la parole.
Celle que nous fêtons vous doit tout ce qu'elle a.
O doux maîtres par qui son esprit s'éveilla,
Vous serez son plein jour ainsi que son aurore !
O créateurs divins, c'est une ébauche encore,
Vous la continuerez, vous la terminerez.
Soyez toujours près d'elle, ô guides vénérés,
Tous, les vieux, les nouveaux, et ceux qui sont à naître,
Et que de plus en plus votre âme la pénètre,
Et que son œuvre soit, sous les astres domptés,
La mise en action de ce que vous chantez !

Aux écoliers.

Vous que l'âge a mêlés à ses jeunes études,
Vous l'aiderez.

A la foule.

Du fond des noires multitudes,
Un instinct aujourd'hui, chers amis inconnus,
Vous a poussés vers nous. Merci d'être venus
Apporter vos souhaits à cette chère tête.

LA FOULE.

Nos souhaits ? Que veux-tu qu'ici-bas on souhaite

A la fille de Faust? Nomme-le-moi, le bien
Qui lui manque! Quel sort est comparable au tien,
Futura? Le grand Faust est ton père, ta mère
Est Hélène en personne, et ton grand-père Homère!
Et quels maîtres d'école! O groupe surhumain!
Quand ta tendre mémoire hésitait en chemin,
Sophocle te soufflait ses vers, et c'est Shakspeare,
Eschyle, Dante et Job qui t'ont appris à lire!
Ces maîtres glorieux t'ont donné la clarté,
Et, par l'intelligence extrême, la bonté,
Et le rayonnement divin de la prunelle,
Et l'âme; ils t'ont donné la jeunesse éternelle,
Et, lorsque tu voudras voyager, le ciel bleu.
A côté de tels dons les autres comptent peu;
Cependant la matière existe, et la pensée
Veut manger. L'heure, hélas! n'est pas encor passée.
Des inventeurs mourant de faim dans les taudis,
Et plus d'un peut encor se croire aux temps maudits
Où ton aïeul tendait la main de porte en porte;
Mais pendant ton école, ô fille frêle et forte,
Nous avons fait un pas nous-mêmes. Ce n'est plus
La torture toujours qui marque les élus.
L'homme commence enfin, quand vient la grandeur vraie,
A savoir qu'il lui doit, et parfois il la paie.
Ce qu'étaient jusqu'ici les princes, les esprits

Le deviennent! Ton père a les chevaux de prix,
Les plats d'or, les maisons de chefs-d'œuvre meublées,
Et les yachts bons marcheurs, et les vertes allées
Des parcs, et les bassins aux oiseaux argentés,
Qu'on a laissés longtemps aux fausses majestés.
La destinée était d'une humeur généreuse
A ta naissance! Es-tu contente?

FUTURA.

Ah! malheureuse!

LA FOULE.

Qu'as-tu donc?

FUTURA.

Je n'ai pas mangé depuis trois jours.

LA FOULE.

Comment!

FUTURA.

La charité, s'il vous plaît.

LA FOULE.

Quel discours
Tiens-tu? Des mets exquis abondent sur ta table.

FUTURA.

On me laisse parfois coucher dans une étable,
L'hiver, quand mes bras nus ont froid jusqu'à saigner;

Je suis reconnaissante au bétail de daigner
Me garder près de lui.

LA FOULE.

     Cette maison splendide
Est à toi !

FUTURA.

Regardez ma guenille sordide.

LA FOULE.

Guenille? ce velours? Mais vois-toi donc! Palais,
Châteaux, richesse énorme, un troupeau de valets,
N'as-tu pas tout? Pourquoi parler de ta misère?

FUTURA.

Combien, hélas! n'ont rien!

LA FOULE.

     Ce n'est pas toi !

FUTURA.

         Ma mère !
Mon père! arrachez donc le fouet à mes bourreaux !

LA FOULE.

Les bourreaux! où sont-ils? C'est qu'elle a les yeux gros
De larmes !

FUTURA.

Mon sang coule! Ah! je vais rendre l'âme!
Hommes, laisserez-vous torturer une femme?
Au secours!

LA FOULE.

Mais qui donc te torture?

FUTURA.

                        Comment
Ne les voyez-vous pas?

LA FOULE.

Je cherche vainement.

FUTURA.

Plus loin.

LA FOULE.

Je ne vois rien. Ta plainte est chimérique.

FUTURA.

Encor plus loin.

LA FOULE.

Sur mer?

FUTURA.

Plus loin.

LA FOULE.

En Amérique?

FUTURA.

Oui.

LA FOULE.

Comment pourraient-ils — calme tes désespoirs —
T'atteindre de là-bas?

FUTURA.

Ils atteignent les noirs.

LA FOULE.

Ce n'est pas toi.

FUTURA.

Mon père est pris! on le fusille!
Misérables! Je suis en leur pouvoir! Viens, fille!
Dans quel affreux empire et dans quel sombre hiver
On m'entraîne! A quoi donc employez-vous le fer
Et la poudre et le plomb, si vous laissez les femmes
En proie aux cruautés de ces bandes infâmes?
Que vais-je devenir sous ce ciel toujours noir?
O Dieu juste! le père est tué pour avoir
Voulu que son pays devînt libre et prospère,
Et l'on punit l'enfant de la vertu du père!

LA FOULE.

Mais ton père est vivant! mais le ciel bleu te rit!
Quelle punition as-tu donc dans l'esprit?

FUTURA.

Celle des Polonais qui veulent leur patrie
Et qu'à pied dans la neige on traîne en Sibérie,
Hommes, femmes, enfants!

LA FOULE.

Ce n'est pas toi.

FUTURA.

Grands dieux!
Le plomb m'a brisé l'aile! Ah! chasseur odieux!

LA FOULE.

Le plomb! l'aile!... — Je vois là-haut une hirondelle
Qui paraît empêchée à donner son coup d'aile.
Elle tombe.

FUTURA.

Quel mal leur faisait donc mon vol?
J'apportais le printemps! Me voilà sur leur sol,
Mourante. Par pitié, faites que je guérisse.
Tâchez... — Non, c'est fini. Ma plume se hérisse.
Je me raidis. Je suis morte.

LA FOULE.

Ce n'est pas toi.

FUTURA.

Si fait! l'oiseau c'est moi! Si fait! le noir c'est moi!
Et celle qu'on déporte et l'enfant mal vêtue
C'est moi! Tout coup me frappe et tout meurtre me tue!
La pitié fait ma chair et mon sang de tous ceux
Qui sont désespérés sous la splendeur des cieux.
J'ai dans l'âme un écho douloureux qui répète
Le cri du matelot brisé par la tempête,
L'adieu de l'exilé, le râle du mourant,
Tous les gémissements de ce monde souffrant.
Et j'ai la faim du pauvre, et je suis la dispute
Des frères, et j'ai mal aux blessés qu'on ampute,
Et j'ai froid aux pieds nus, et c'est sur moi qu'il pleut
En janvier par les trous des bouges. Ce qu'on peut
Me souhaiter, amis? c'est le bonheur des autres!
Souhaitez-moi... — Mais non, des cœurs comme les vôtres
Ne se contentent pas de souhaits, — faites-moi
Le bien-être de tous! Rompez la dure loi,
Unissez vos efforts contre la destinée,
Déclarez au malheur une guerre obstinée,
Rendez l'espoir à ceux qu'on en a trop sevrés,
Consolez, nourrissez, éclairez, délivrez!

Si vous m'aimez vraiment, faites la terre heureuse !
Partout où l'on a faim, partout où l'ombre affreuse
Tient les esprits, partout où les cœurs sont navrés,
Partout, allez partout ! — et vous m'y trouverez !
Et j'y vais de ce pas ! car je suis trop restée,
Et ce n'est pas, amis, l'heure d'être fêtée
Lorsque les pleurs partout coulent comme des flots ;
Ah ! tous ces cris de joie offensent les sanglots,
Et le grand vent du ciel vous trouve inexorables
De lui faire porter vos chants aux misérables !
Quand tous les malheureux chanteront à leur tour,
Vous chanterez. Je prends pour ma fête le jour
Où la dernière larme enfin sera séchée !
Et je ne mangerai de bon cœur ma bouchée
Et je n'aurai de joie à dire aux quatre vents
Qu'à la table où seront assis tous les vivants !

ACTE II

SCENE I

Sous un arc de triomphe.

LE SOLDAT, à la tête d'une armée; LE JUGE; FAUST; FOULE.

LE JUGE, au soldat.

Tu nous reviens enfin de la guerre lointaine
Où le sang ruissela sous ton fer redouté.
La Victoire, qui t'a nommé son capitaine,
Ombrage de lauriers ta figure hautaine,
Et la Force se tient debout à ton côté.

La Force est sainte. A moins qu'elle ne les escorte,
Les droits existent peu. Sans elle, tout décroît,
Le bien souffre, la loi n'est qu'une lettre morte.
C'est pourquoi, moi qui suis la Justice, je porte
La balance au poing gauche et le glaive au poing droit.

Le magistrat prononce et le soldat applique.
Nous avions plusieurs fois déjà prémédité
De nous donner à toi. Donc, sans adresse oblique,
Dans ta robuste main prends cette République,
Et sois notre empereur avec hérédité.

LE SOLDAT.

Silence, drôle! Et tâche un peu de me connaître.
J'aurais besoin, pour être empereur, tzar ou roi,
Qu'un gredin comme toi daignât me le permettre?
Je te trouve insolent de me vouloir pour maître!
T'offrir, c'est supposer que tu n'es pas à moi.

Je...
Apercevant Faust.

Mais n'est-ce pas toi dont la sorcellerie
A gêné mon épée et qui m'as obscurci
Le cerveau? J'ai cru voir... Je consens qu'on en rie.
Viens-tu recommencer ta fantasmagorie
En plein jour et devant mes gens d'armes? Merci.

Est-ce ce qui t'amène? Alors, vite. Rabâche
Ton grimoire. — Mais non, c'est que la peur t'a pris;

Tu viens me demander pardon. A genoux, lâche,
La face contre terre, et prie, et pleure, et tâche
D'être bien vil afin d'obtenir mon mépris.

FAUST.

La guerre, c'est très beau ! Sous les drapeaux qui flottent,
Les jeunes gens s'en vont vers les illustres chocs,
Et la musique chante, et les mères sanglotent,
Et le labour n'a plus que les vieux qui tremblotent,
Et l'on voit les fusils voler le fer aux socs,

Et l'impôt frappe dur, et la misère est grande,
Et la vierge en pleurant va se prostituer,
Et le maigre ouvrier ne mange plus de viande,
Et l'aïeule n'a plus de montre qu'elle vende,
Et nous mourons de faim pour pouvoir nous tuer !

C'est très ingénieux ! Plus d'une pauvre fille
Se meurt du fiancé que tu lui dérobas..
La vie est un jardin que la guerre échenille.
Les mères vont avoir des drapeaux en guenille
Pour remplacer leurs fils qui pourrissent là-bas.

Les fleuves après toi sont rouges et débordent.
Un combat, quel concert de râles et de cris !
Les blessés, oubliés sous les tués qu'ils mordent,
Hurlent. C'est doux ! Par-ci par-là, des femmes tordent
Des bras désespérés en cherchant leurs maris.

Peu de choses, je crois, charment les belles âmes
Comme un bombardement. A peine vous tonnez,
Mortiers, que les maisons et les gens sont en flammes.
Lorsque la ville est prise, on viole les femmes
Et l'on écrase aux murs le front des nouveau-nés.

Aussi je comprends bien que le peuple les aime,
Les conducteurs d'armée, et qu'il donne aux sabreurs
Son épargne, sa paye et ses fils qu'il écrème,
Et que, n'ayant plus rien à donner que lui-même,
Il lui vienne à l'esprit de les faire empereurs.

C'est la plus forte idée encor que l'homme ait eue.
Moi, les égorgeurs sont mes héros et mes saints,
Et je baise les pieds sanglants de leur statue.
Le peuple, assurément, se doit à qui le tue;
— Mais il pourait choisir de meilleurs assassins

La guerre fait dans l'homme une bonne éclaircie,
Mais la fièvre putride est un meilleur bourreau.
Napoléon a bien son retour de Russie
Et sa Bérésina n'est pas mal réussie,
Mais quel Napoléon le vomito-négro !

César, il faut le dire, est un typhus modeste.
Pour me mettre à genoux devant un meurtrier,
J'en demande un qui soit royalement funeste.
J'offre de proclamer Sa Majesté la peste,
Et je serai sujet de Choléra-premier.

L'EMPEREUR.

Ton discours a du vrai, mais voici ma réplique.
Elle te suffira, sans être d'un savant.

Il tire son épée.

FAUST.

A moi les écoliers !

Des jeunes gens se serrent autour de lui.

L'EMPEREUR, à sa troupe.

Chargez-moi cette clique !

LA TROUPE.

Hurrah pour l'empereur !

FAUST.

Vive la République !
Et que les hommes soient des hommes ! En avant !

Bataille.

SCENE II

Une rue.

L'EMPEREUR et son ÉTAT-MAJOR

L'EMPEREUR.

Ah! ce sont ces maîtres d'école
Dont on nous parlait en chemin!
Ces croyants au progrès humain!
Ces rabàcheurs de la parole!

Ce sont eux et leurs écoliers!
Nous allons voir si leurs doctrines
Écarteront de leurs poitrines
Les balles de mes fusiliers!

Cette fois, nous avons affaire,
Fils; à notre ennemi profond.

Ceux qui font et ceux qui défont
Sont en présence. A qui la terre?

A nous! Remercions, guerriers,
Ces scribes du combat qu'ils osent.
Chargeons-les raide! Et qu'ils opposent
A nos canons leurs encriers!

Pas de prisonniers. — Leur vil groupe
Augmente, et j'ai vu de mes yeux
S'y joindre du peuple. Tant mieux!
Je donne la ville à la troupe.

Saccagez-la! supprimez-la!
Qu'on cherche la cité superbe
Et qu'un berger, montrant de l'herbe,
Dise : Je crois que c'était là!

Vous pouvez piller. Je vous livre,
En bijoux, en meubles dorés,
En femmes, ce que vous croirez
Pouvoir vendre, — mais pas de livre.

Brûlez-les! Rien n'est plus pressant.
Dans le palais et dans le bouge.

Teignez-moi cette ville en rouge,
Le ciel en feu, la rue en sang.

Celui qui voudra que je rie
Aura des gants pourpres aux bras.
Mais avant tout, brûlez-moi ras
Bibliothèque, imprimerie,

Théâtre, école, muséum.
Après cela, tuez, mes reîtres !
Épargnez seulement les prêtres
Pour qu'ils chantent le Te Deum.

SCÈNE III

L'ARCHIPRÊTRE et son CLERGÉ

L'ARCHIPRÊTRE.

Certes, dans ce combat qui va finir la guerre
Du glaive et de l'esprit, nos vœux n'hésitent guère !
Nous n'avons pas de pire ennemi que l'esprit.
Partout et de tout temps c'est lui qui nous reprit
Les hommes. Ceux qui croient penser s'en infatuent,
Veulent tout lire et tout comprendre, substituent
L'examen à la foi, regardent fixement
Nos dogmes et, du fond de leur abaissement,
Comme ces vers qu'on voit la nuit briller à terre,
De leur clarté rampante offensent le mystère !
Ils n'admettent dès lors qu'un guide, leur raison.
Chacun comme il lui plaît se bâtit sa maison.
Ils prétendent que Dieu peut partout apparaître,
Ils se passent du temple, ils suppriment le prêtre,
Et, dans l'emportement de leur délire altier,
Disent que l'encrier est le vrai bénitier !

Il faut donc que l'idée ou le dogme périsse.

Quoique la force aussi par moments se hérisse
Contre nous, elle sait au fond que rien n'est tel
Pour son bien que l'accord du trône et de l'autel ;
Sa puissance sans nous est tout extérieure ;
Elle a le corps, mais l'âme, hostile, attend son heure.
Nous, de notre côté, nous ne sommes complets
Qu'en l'ayant avec nous. Ce que sont les valets
Au maître, au front les bras, les mots à la pensée,
Les rois le sont au prêtre. A soi-même laissée
Et sans arme, la loi divine est en péril.
Le meilleur ouvrier ne fait rien sans outil.
Les prédications de Bossuet sont vaines
Tant que Louis n'a pas converti les Cévennes,
Et si tous les dragons du roi ne sont pas là,
L'archiprêtre François Langlade du Chayla
Ne peut guère arracher la barbe aux hérétiques ;
Le vague grondement des bandes frénétiques
Dont les villages sont devenus des charniers
Le retient d'allumer aux mains des prisonniers
Des morceaux de coton trempés d'huile et de graisse,
Et la frayeur lui gâte un peu cette allégresse
De répondre, joyeux de voir leurs doigts ardents,
Par des éclats de rire aux grincements de dents !
Pour traquer, pour forcer, malgré leurs mille pistes,

Ce vil gibier, rêveurs, poètes, journalistes,
Philosophes, savants, carabins, basochiens,
Nous sommes les chasseurs et les rois sont les chiens.
Nous devons les soigner comme une brave meute
Qui travaille pour nous. — Ainsi, dans cette émeute,
L'intérêt de l'Église est avec l'empereur.
Écrasons à jamais ces fabricants d'erreur
Qui voudraient nous voler l'enseignement du monde.
A mort! Tout est pour nous contre leur tourbe immonde.
Nous n'avons pas contre eux les femmes seulement
Et les simples de cœur et le fourmillement
Des paysans obscurs, — nous les avons eux-même !
Et de leur première heure à leur heure suprême.
Qui donc se mariera sans le consentement
Du prêtre? Qui de ceux qui le plus fortement
Portent dans la cité l'orgueil de leur système
Y croit jusqu'à laisser ses enfants sans baptême ?
Combien osent mourir sans nous ? Donc, ils ont beau
Arborer un semblant de doctrine en lambeau,
L'Église, en qui tout naît, tout crée et tout retombe,
Est leur berceau, leur lit nuptial et leur tombe.
Profitons d'eux contre eux. Frappons et qu'au matin
Leur existence soit un souvenir lointain !

Mais laissons un moment la victoire incertaine.
Vous savez que l'épée est aisément hautaine.

Nous aidons le soldat : quand le péril a fui,
Il nous ignore, et croit que sa force est en lui
Et, dans sa vanité, veut toute la victoire
Pour lui tout seul. De là, des querelles. L'histoire
Sait les duels de l'empire et de la papauté.
Nous acceptons la lutte avec tranquillité,
Certes ! Nous avons vu Dieu prisonnier de l'homme,
Le Vatican forcé, Pie arraché de Rome
Et traîné jusqu'en France, et des verrous hardis
Insulter dans sa main les clés du Paradis !
Et puis ? Le vent du ciel a soufflé sur la plaine,
Et le Seigneur a dit : Assez ! et Sainte-Hélène
A pris l'homme, et, pendant que l'empereur d'un jour
Agonisait, sans trône et captif à son tour
Pour que le châtiment eût la forme du crime,
Ses frères demandaient asile à sa victime,
Et le martyr, debout sur la seule hauteur,
Bénissait les débris de son persécuteur.
Nous sommes forts. L'Église à Dieu même s'adosse
Et ne peut choir sans lui. Soufflets au sacerdoce,
Les confiscations, les exils, les prisons,
Les rois peuvent cela; nous les en méprisons;
Les églises en ont vu tomber, des Bastilles !
Mais il vaut mieux pourtant éviter ces vétilles;
Et que cet empereur sache dès aujourd'hui

Que sa solidité réclame notre appui.
Aidons-le de façon qu'il sente bien notre aide.
Attendons, pour avoir un serviteur moins raide,
Que cette âpre mêlée ait duré quelque temps,
Et que la chance hésite entre les combattants,
Et que le conquérant doute de son armée,
Et que ses obusiers s'en aillent en fumée,
Et qu'il sente sous lui fondre ses escadrons;
C'est seulement alors que nous interviendrons
Utilement. Allez; courez de porte en porte,
Préparez en dessous les gens, de telle sorte
Qu'il ne nous faille plus qu'un geste, mais laissez
Le césar s'affaiblir et dépérir assez
Pour que sa royauté ne puisse méconnaître
Quel besoin elle avait du prêtre pour renaître
Et comprenne, devant ce changement profond,
Par qui les empereurs se font — et se défont.

SCÈNE IV

Une place à arcades, comme la Place-Royale de Paris.

Un bataillon de reitres à pied. Une trentaine se tiennent près de l'angle d'une des rues qui ouvrent sur la place, et y vont tour à tour échanger des coups de fusil avec une barricade qu'on ne voit pas.

CRI DE LA BARRICADE.

Vive la République !

PREMIER REÎTRE.

Aboyez ! on va mordre.

A un lieutenant.

Quand attaquerons-nous réellement ?

LE LIEUTENANT.

Quand l'ordre viendra.

PREMIER REÎTRE.

Leur barricade a l'air de nous railler. Ça m'embête.

LE LIEUTENANT.

On se dés-ennuie à tirailler.

SECOND REÎTRE, après avoir tiré.

Dans le nez!

Il revient radieux.

On commence à voir du sang qui suinte
A travers leurs pavés.

PREMIER REÎTRE.

C'est le verre d'absinthe
Qui vous ragaillardit l'appétit; mais il faut
Que le dîner le suive, et j'ai faim de l'assaut.

TROISIÈME REÎTRE, tirant.

Encore un verre!

Il fait claquer sa langue.

Exquis!

QUATRIÈME REÎTRE, prêt à tirer.

Un beau gars! Il redresse
Le drapeau. Le regard fier et bon. Sa maîtresse
Doit l'adorer.

Il tire.

Elle est veuve.

CINQUIÈME REÎTRE, à l'angle.

  Entre dix-neuf ans.
Et vingt. Il doit avoir sa mère.

Il tire.

  Enfants,
Sa mère ne l'a plus.

SIXIÈME REÎTRE, visant.

  Amis, la politesse
Est une grande chose, et, sans être une altesse,
J'aime qu'on me salue. Or, qu'est-ce que je vois?
Quelqu'un qui n'ôte pas son chapeau devant moi!
Pour lui montrer que c'est un devoir d'être honnête,
Son chapeau va tomber — sans lui quitter la tête!

Il tire. — Tout à coup, il lâche son fusil et porte ses mains à son front.

Ha! — Salé!

Il chancelle et s'appuie au mur.

  Je m'en fiche, il a son affaire.

Le chirurgien accourt.

LE CHIRURGIEN.

      Où
Es-tu blessé?

SIXIÈME REÎTRE, indiquant son front.

  Là, tiens.

LE CHIRURGIEN.

Je ne vois aucun trou,
Ni rien.

SIXIÈME REÎTRE.

Je sens pourtant encore...

LE CHIRURGIEN.

Erreur parfaite !

SIXIÈME REÎTRE.

Je suis sûr que je sens la balle dans ma tête !

LE CHIRURGIEN.

Ce que tu crois la balle est simplement l'écho
Du coup qu'a repoussé le fer de ton shako ;
Reste assis, ça sera parti dans cinq minutes.

On apporte un autre blessé.

Qu'est-ce ?

LES PORTEURS.

Une balle au front.

LE CHIRURGIEN, examinant le front et ne trouvant rien.

Que radotent ces brutes ?
Rien.

LE BLESSÉ.

La balle est dedans.

ACTE II. — SCÈNE IV.

LE CHIRURGIEN.

    C'est la contusion
Qui pendant un moment te fait illusion.
Ces extractions-là n'useront pas ma trousse.
Reste assis un moment et calme ta secousse.

Nouveau blessé.

Est-ce plus sérieux, enfin?

LES PORTEURS.

     Un coup de feu
A la tête.

LE CHIRURGIEN.

A la tête aussi!

Il examine le blessé.

    Rien! Est-ce un jeu?
Observons.

Il voit un tirailleur recevoir une balle.

   Pour le coup, la balle est véritable.

Il examine le blessé.

Rien encore! Pourtant il est incontestable
Que la balle a touché son front.

SECOND REÎTRE.

     Il m'a semblé
La voir entrer.

LE CHIRURGIEN.

Le front n'est pas même éraflé. Qu'est-ce à dire?

TROISIÈME REÎTRE.

Je vois une balle par terre.

Il la ramasse.

Tiens! elle est d'une forme étrange.

LE CHIRURGIEN, *la prenant.*

Un caractère D'imprimerie!

SECOND REÎTRE.

Oui, tiens! C'est une lettre.

LE CHIRURGIEN.

Un D.

QUATRIÈME REÎTRE, *ramassant une autre balle.*

Et ça?

LE CHIRURGIEN.

G.

TROISIÈME REÎTRE.

C'est sans doute un nouveau procédé.

SECOND REÎTRE.

On n'a vu nulle part de balles de la sorte..

QUATRIÈME REÎTRE.

Ça doit vous travailler l'intérieur.

LE CHIRURGIEN, troublé.

Qu'importe
La forme? C'est l'effet dont il faut s'occuper.
J'ai vu distinctement la balle le frapper.
Et tous l'ont vu de même. Au front. La chose est sûre.
Cette procession de blessés sans blessure
Est un fait impossible à comprendre. Sans trous!
Sans écorchure! Allons, réveillez-moi donc, vous!
Ce cauchemar a trop duré, je vais y croire!
Voyons, j'ai mes deux yeux, je ne viens pas de boire,
Je raisonne.

Au dernier blessé.

Tu sens la balle aussi?

LE BLESSÉ.

Je l'ai
Dans le front.

LE CHIRURGIEN.

Tu devrais au moins être fêlé!
Pourquoi ne l'es-tu pas? Sois fêlé, je te prie.
Je deviens fou. — Mais c'est de la sorcellerie!
Enfants, malheur à nous!

LE LIEUTENANT.

Malheur à toi, qui viens
Nous effrayer !

Aux tirailleurs.

Laissons trembler les chirurgiens,
On ne nous fait pas peur des sorciers ni du diable,
A nous autres !

A un blessé.

Dis donc, c'est fort remédiable
Les blessures que font leurs balles; tu m'as l'air
Très peu mort; je ne t'ai jamais vu l'œil plus clair.
Si tu te levais ?

Le blessé se lève.

Bon.

Aux autres blessés.

Debout, tous !

Tous se lèvent.

A merveille !
Eh bien ?

PREMIER BLESSÉ.

Jamais je n'eus au corps vigueur pareille.

LES AUTRES.

Ni nous.

LE LIEUTENANT, éclatant de rire. — Au chirurgien.

C'est le malheur dont tu nous menaçais ?
Oh bien ! si tes sorciers obtiennent ce succès,
Ils peuvent nous cracher leur plomb sans intervalles,
Et nous les supplions de nous truffer de balles !
— Ah çà, vas-tu finir d'être pâle, crétin ! —
Voilà de quoi nous faire oublier le butin
Et décontenancer toute une infanterie,
Une balle qui fait cette plaisanterie
De rendre ses blessés plus frais et plus dispos !
Est-ce que tu nous crois plus bouchés que les pots ?
Il n'est qu'un fait réel, et gai pour qui raisonne :
C'est que leurs balles n'ont encor crevé personne !
Comment cela s'est pu, par un tour de sorcier
Dont nous devrions rire et les remercier
Ou bien parce qu'ils n'ont que des fusils sans force
Dont la balle s'émousse à notre rude écorce,
Le motif m'est égal, je vois le résultat :
Nos hommes sur leurs pieds, sains, en meilleur état.
Quant à m'imaginer — mais faut-il être bête ! —
Qu'ils ont réellement des balles dans la tête,
Je m'en prive avec soin. Et quand ils en auraient,
Je te demande un peu ce qu'elles leur feraient
Du moment que la chair n'est pas même froissée !

Qu'iraient-elles chercher dans nos fronts? la pensée?
Fracasser notre esprit, tuer notre moral,
Faire des gens de guerre un carnage idéal,
C'est l'espoir de ces fils sans barbe? Il m'épouvante!
Il ne se passe pas de jour où l'on n'invente
De nouvelles façons de balle ou de boulet,
Mais très sincèrement ce progrès-ci me plaît;
— D'autant plus qu'il est bien possible qu'on s'obstine
Chez nous aux errements de la vieille routine,
Que vraisemblablement nous nous contenterons
Du boulet ordinaire et que nous garderons
Une fidélité stupidement têtue
A la balle arriérée et classique, qui tue.
Je suis très généreux, garçons, je recevrais
De faux coups de fusil et j'en rendrais de vrais!
— Ah! ce serait leur rêve idiot? Aux mitrailles,
Qui sur les durs pavés répandent les entrailles,
Au sabre dont l'acier fait d'un homme un haillon
De chair rouge, au mortier qui fauche un bataillon,
A la mine, à la charge, à l'assaut, leur vengeance
Répondrait en frappant quoi? notre intelligence?
Ah! c'est donc pour cela qu'ils prennent comme engins
Des lettres! Ah! c'est très amusant! Ces gamins
Veulent nous imprimer! ils font d'un homme un livre!
— Dis donc, je vais te lire! Ah! ah! il fait bon vivre!

Leur professeur les a volés, s'il leur prend cher.
Donc, chacun a sa cible : eux l'esprit, nous la chair.
Et nous allons avoir le grand combat des balles
Avec les lettres ! Ah ! le cuivre des cymbales
Crève de rire à voir quel obstacle puissant
Font les buveuses d'encre aux buveuses de sang !

<small>A un reître.</small>

Ton fusil !

<small>Il prend le fusil. — A tous.</small>

   Vous allez voir comme c'est terrible.

<small>Il sort de l'angle et se campe en face de la barricade.</small>

Suis-je assez exposé ? Que leur bande me crible,
Je ne bougerai pas !

<small>Il reçoit une balle.</small>

   Bien. A mon tour.

<small>Il tire.</small>

       Recouds
Ta peau.

<small>Décharge de lettres.</small>

  Ceci s'appelle une grêle de coups.

<small>Il échange le fusil déchargé contre un autre et tire.</small>

Les corbeaux sont servis.

<small>Aux lettres qui le frappent.</small>

    Merci.

<small>Changeant de fusil.</small>

Leur feu s'apaise.

Déjà? Nous commençons!

Regardant le fusil qu'on vient de lui passer.

Eh! mais celui-ci pèse!
Diantre! — Ou bien si c'est moi qui... Qu'est-ce qui me prend!
Je ne puis... Ce fusil n'a pas l'air différent
Des autres. On dirait que ma force est rouillée.

Le fusil lui échappe et glisse à terre.

Ils m'auraient donc blessé?

Il se tâte la tête.

Ma main n'est pas mouillée.
Qu'est-ce alors que cela veut dire?

Les tambours battent.

UN REÎTRE.

Ah! le rappel!
Nous allons attaquer!

Tous les tirailleurs non blessés se rassemblent.

LE LIEUTENANT, *venant au chirurgien.*

Enfonce ton scalpel
Dans mon crâne! Ote-moi ce poids insupportable!

UN REÎTRE.

Le voilà donc venu, le moment délectable!

Aux blessés.

Quand vous aurez fini de vous tâter la peau !

Au lieutenant.

Il est grand temps.

Aux autres.

Allons, fainéants ! au drapeau !

LE LIEUTENANT, sans bouger.

De quel charme ai-je donc la tête possédée ?
Je les ai plaisantés de leurs coups à l'idée :
L'atteindraient-ils ? Je sens leur esprit me saisir
Et transformer le mien. Je tuerais sans plaisir.

LES BLESSÉS.

C'est comme nous.

UN REÎTRE.

Qu'a-t-il ? — L'attaque nous réclame !

LE LIEUTENANT.

Leurs lettres de malheur m'ont empoisonné l'âme.

LES BLESSÉS.

Du poison ! oui !

LE LIEUTENANT.

Celui que j'étais jusqu'ici
Se meurt. Et je deviens un autre.

LES BLESSÉS.

Nous aussi.

LE LIEUTENANT.

J'ai dans la tête un feu qui me brûle et m'éclaire.

UN REÎTRE.

Voici le colonel qui vient tout en colère.

———

LE COLONEL, au lieutenant.

Ah çà, qui te retient? Cette lenteur dément
Ton habitude. Es-tu blessé?

LE LIEUTENANT.

Profondément.

LE COLONEL.

Où?

LE LIEUTENANT.

Nulle part.

LE COLONEL.

Railler est un jeu qu'on évite
Avec moi.

ACTE II. — SCÈNE IV.

LE LIEUTENANT.

Je n'ai rien au corps.

LE COLONEL.

Alors, viens vite.

LE LIEUTENANT.

Je ne peux pas.

LE COLONEL, aux blessés.

Et vous?

LES BLESSÉS.

Ni nous non plus.

LE COLONEL.

Holà !

Six hommes !

Six hommes s'avancent. — Au lieutenant.

Toi d'abord.

Aux six hommes.

Fusillez-moi cela.

On fusille le lieutenant.

Bien.

Aux blessés.

Voyez si c'est lui que vous préférez suivre.

Les blessés, intimidés, se rangent avec les autres reitres.

Enfin ! — En marche !

Un blessé vacille.

Ah oui, tu veux passer pour ivre.
Tu n'es saoul que de peur ! — Allons, accélérons
Le pas.

Arrivé au bataillon.

Au premier rang, drôles ! — Sonnez, clairons !

Les clairons sonnent. Les tambours battent la charge. La troupe se rue.

SCÈNE V

Au quartier général.

L'EMPEREUR, à un aide de camp qui entre.

Eh bien?

L'AIDE DE CAMP.

La ville tient toujours! Ni mitraillade,
Ni sac des monuments précieux, ni grillade
D'infirmes, rien n'y fait, et leurs groupes hardis
Croissent. Pour un qui tombe, on en voit surgir dix.
On a tort d'en tuer, la mort les multiplie!

L'EMPEREUR.

La troupe?

L'AIDE DE CAMP.

Par endroits la troupe se replie,

L'EMPEREUR.

Je la décimerai!

L'AIDE DE CAMP.

Tout imberbes qu'ils sont,
Ces écoliers n'ont peur de rien. On dit qu'ils ont
Une espèce de sainte...

L'EMPEREUR.

En pierre ?

L'AIDE DE CAMP.

Non, en vie.
Dont tous sont amoureux et qui leur donne envie
D'être tués pour elle.

L'EMPEREUR.

Eh bien, mais on pourra
Contenter leur envie.

L'AIDE DE CAMP.

Ils disent : Futura !
Et meurent souriants. Elle les ensorcelle.
Comment ?

Entre un autre aide de camp, tout pâle.

L'EMPEREUR.

Parle !

SECOND AIDE DE CAMP.

Je viens de la voir !

L'EMPEREUR.

Qui donc?

SECOND AIDE DE CAMP.

Celle
Dont la troupe a peur.

L'EMPEREUR.

Peur?

SECOND AIDE DE CAMP.

Nous avions enlevé
La grande barricade, et nous avions crevé
De boulets et d'obus les maisons de la rue,
Et tout tâchait de fuir, — quand elle est apparue,
Sans armes, calme, un livre à la main, et lisant.
Je ne sais quoi qu'on n'a pas vu jusqu'à présent
Rayonnait sur sa face. Un changement rapide
S'est fait chez l'ennemi; cette fille intrépide
A, par son seul aspect, rallié les fuyards,
Les jeunes les premiers, puis jusqu'à des vieillards,
Et cette étrange enfant qui tous nous déshonore
A marché sur la troupe, et, saisis de j'ignore
Quel vertige devant ce front immaculé,
Involontairement nos gens ont reculé.

L'EMPEREUR.

Et tu n'as pas fini cette sotte algarade
D'un coup de pistolet?

SECOND AIDE DE CAMP.

Sire...

L'EMPEREUR.

Je te dégrade.
Un front immaculé! Celui-ci l'appelait
Une sainte! Ces mots chez nous! Un chapelet
A ces deux sacristains! — Quelque prostituée
Battue assez souvent pour s'être habituée
Aux coups, et dont le cuir, après tous ses tanneurs,
Ne craint rien, et qui vient avec ses souteneurs!

A l'état-major.

Ah çà, mais on dirait que ceci vous taquine!
Vous voilà tous tremblants au nom d'une coquine,
Et vous allez bientôt vous mettre à piailler
Comme si le renard entrait au poulailler!
C'est, de fait, un motif pour que le cœur vacille :
D'une part une armée et de l'autre une fille!
Lisant! Je voudrais voir qu'un livre intimidât
Des canons! — Voyons, toi, je t'ai connu soldat.
Non? — J'y vais! Terminons cette farce impudente.
Venez. Cette catin me semble peu prudente

De défier celui qu'on n'a jamais battu...
Je jure ici que, si je la prends...

Entre l'archiprêtre.

L'ARCHIPRÊTRE.

La veux-tu ?

L'EMPEREUR.

Tu peux me la livrer ?

L'ARCHIPRÊTRE.

La force est éphémère
Et tombe. Mais l'Église est une bonne mère
Qui toujours veille et n'a pour souci que le bien
De ses enfants sur terre et dans le ciel.

L'EMPEREUR.

Combien ?

L'ARCHIPRÊTRE.

Ton estime.

L'EMPEREUR.

C'est cher.

L'ARCHIPRÊTRE.

Si tu tiens à ton trône,
Homme, n'offense pas ceux qui t'en font l'aumône !

Je vois que ton orgueil est de sembler rétif
Au concours de l'Église, et c'est pour ce motif
Que Dieu dans ce moment te frappe de sa verge
Et qu'on voit tes guerriers fuir devant une vierge.

L'EMPEREUR.

Encor! vierge? — Ton prix?

L'ARCHIPRÊTRE.

Rien.

L'EMPEREUR.

C'est-à-dire tout.

L'ARCHIPRÊTRE.

Je vais sans pacte aucun te remettre debout,
Oui, sans promesse écrite ou verbale, et j'exempte
Ta souveraineté d'être reconnaissante.
Sois égoïste, et vis la main sur ton pouvoir.
Tant mieux! Si tu n'as pas des yeux pour ne pas voir,
Il faudra bien alors que ta logique infère
De ce que j'aurai fait ce que je peux défaire.
Et quand tu garderais malgré moi le dépôt
Que tu tiendrais de moi, tu comprendrais bientôt
Qu'on n'est qu'une moitié d'empereur sans mon aide,
Qu'un peuple pour son maître est facilement tiède,

Que ce n'est pas la peur mais le consentement
Qui fait le vrai sujet, qu'il se rompt promptement
Le lien où le cœur ne mêle pas ses fibres,
Et que les bons captifs sont ceux qui se croient libres.
Moi, sans violenter l'homme et sans le lier,
Je fais du prisonnier lui-même son geôlier.
Tu ne tiens que le corps, moi je possède l'âme.
Sois intelligent, c'est tout ce que je réclame ;
A nous deux, nous aurons toute la royauté,
Toi roi de l'action, moi de la volonté.

L'EMPEREUR.

Il me plaît qu'on agisse et je défends qu'on veuille !
Le tourbillon serait bien fâché que la feuille
Fût contente ! Ma joie unique est le courroux
De mes captifs cassant leurs ongles aux verrous.
Le jour où mes sujets seraient heureux de l'être,
J'abdiquerais ! Ton offre est bonne pour toi, prêtre,
Moi, j'y perds. Mais je veux cette fille. Ton prix
Sera le mien.

A l'état-major.

Allez répandre que j'ai pris
Celle qui vous faisait trembler.

Au prêtre.

Va tout de suite
Me la chercher.

L'ARCHIPRÊTRE.

Elle est en bas.
<small>Il va faire un signe à la fenêtre.</small>

L'EMPEREUR.

La troupe en fuite !
O rage ! — Ah ! la drôlesse est vierge, et c'est par là
Qu'elle a cette puissance absurde ?
<small>On amène Futura.</small>
Laissez-la
Seule avec moi.

L'ARCHIPRÊTRE.

Je vais parer la cathédrale
Pour ton couronnement. La résistance râle,
Achève-la. Punis ce peuple de païens,
Venge-toi, pille, brûle, extermine, et puis viens
Que nous te sacrions.
<small>Tous sortent. L'empereur et Futura restent seuls.</small>

L'EMPEREUR.

Donc, c'est toi la donzelle
Dont la sainteté souffle à ces gamins leur zèle
Et fait douter d'un bras qui partout triomphait ?
En supprimant la cause on supprime l'effet,

ACTE II. — SCÈNE V.

Et la ville va voir tes amis disparaître
Avec ta sainteté. Vite, je suis ton maître,
Finissons. J'ai la force, et je vais en user.
Toute phrase serait inutile. Un baiser,
Allons. Et ce n'est pas par amour, je t'assure,
Qu'il me plaît de t'avoir, ni même par luxure,
Ce n'est que par vengeance et que par intérêt.
Les bandes que ta chaste apparence attirait
N'ont qu'à chercher ailleurs un front qui les rallie !
Et, comme je te veux absolument salie,
Après moi tu seras à tous mes officiers,
Puis les soldats noueront sur toi leurs bras grossiers,
Et tous te cracheront leurs baisers sur les lèvres,
Et, quand tu sortiras de leurs hideuses fièvres,
Va-t'en, fille ! et qu'alors ceux que tu dirigeas
Adorent, s'il leur plaît, le rebut des goujats !
Je jure par l'ennui que grâce à toi j'endure
Que ta blancheur sera ce soir un tas d'ordure,
Un objet que le pied craint de toucher et dont
La rue a honte ! — Viens !

FUTURA, pétrifiée.

Mais quel monstre es-tu donc ?

L'EMPEREUR.

Viens-tu ?

FUTURA.

Non! Ce n'est pas possible! Ta menace
Ne veut que m'effrayer!

L'EMPEREUR, la prenant aux cheveux.

J'empoigne ta tignasse!
Penses-tu que ce soit tout de bon? C'est par moi
Que tu vas commencer. Ah! tu trembles!

FUTURA.

Pour toi.

L'EMPEREUR.

Pour?... — Ah! j'y suis. Ta troupe enfoncera la mienne?
Je serai prisonnier, et ce soir pour ma peine
Décapité?

FUTURA.

Ton vrai péril n'est pas ta mort.

L'EMPEREUR.

Qu'est-ce donc?

FUTURA.

C'est la mort de ton âme.

L'EMPEREUR, la lâchant et riant.

D'abord,

C'est drôle. Le salut de mon âme! Tonnerre!
Tu me fais peur. Risquer sa peau, c'est l'ordinaire
Du soldat, mais son âme!... Ah çà, me trouves-tu
Le nez d'un citoyen qui tient à sa vertu?
Entre nous, si tu crains que le diable me grille,
Tu peux te rassurer: je suis de sa famille!

FUTURA.

C'est effroyable!

L'EMPEREUR, la regardant en face.

    Ah oui, tu te dis que j'aurai
Moins de joie après toi si tu n'as pas pleuré
Et que ma haine peut hésiter à te mordre
Tant que je ne sens pas sous mes griffes se tordre
Et grincer et crever de rage ta pudeur.
Tu t'es imaginé que j'aurais la candeur
De croire aux calembours que ta peur balbutie.
Tu dépasses jusqu'à la somme d'ineptie
Permise aux femmes. Quoi! c'est à moi que tu veux
Persuader que, quand je te tiens aux cheveux,
Quand, frêle, et seule, et loin de ceux que tu rassembles,
Je t'ai sous mon genou, c'est pour moi que tu trembles!
Niaise! Allons, assez. Ta bonté de deux sous
Te masque mal; on voit ta lâcheté dessous.

Vraiment, c'est de pitié que tu te sens saisie?
Je te dis que je vois sous ton hypocrisie,
Et que le châtiment dont je vais te punir
Te glace, et que je vais t'en faire convenir,
Et que tu vas crier l'effroi dont ton cœur saute,
Et le hurler! A bas ton masque! ou je te l'ôte
Moi-même! Et ne t'en prends qu'à toi si ce n'est point
D'une façon assez galante, et si ce poing,
Pour lequel la douceur n'est pas d'un grand usage,
T'arrache avec le masque un morceau du visage!

FUTURA.

Je ne suis pas masquée, et c'est moi que tu vois.
Je n'ai peur que pour toi. Mais c'est donc vrai! ta voix
Est cependant d'un homme! un homme peut donc être
Cela! Quel est le monde horrible où je pénètre?
Je frissonne. Pas même un semblant de remords!
Que peux-tu contre moi? Prostituer mon corps
A tes bandits. Et puis me rejeter raillée
A mon père. Tu crois que j'en serais souillée,
Et qu'on me renierait au sortir de tes bras?
Il n'est pas de souillure où l'âme ne veut pas!
L'affront ajoute aux bons, bien loin qu'il leur retire.
Je n'étais qu'innocente et je serais martyre!
Ce que tu peux tacher en moi, c'est seulement

Ma forme d'aujourd'hui, ma chair, le vêtement
De mon être éternel. Mais toi, la marque infâme
Que j'aurais à ma chair, tu l'aurais à ton âme !
Et lorsque j'en frémis la chose te surprend !
Et ce n'est même pas d'un œil indifférent,
C'est d'un œil souriant que tu vois tout ton être
S'engloutir dans la fange ! Oh ! que vais-je connaître ?
Je n'avais regardé que du côté de ceux
Qui souffrent, et c'était bien assez pour mes yeux !
Mais voici ceux qui font souffrir. Oh ! quel abîme !
O monstruosité sans fond ! Être le crime,
Et s'en vanter ! Tu gis plus bas que l'animal !
Oh ! moi qui ne pensais qu'au malheur ! et le mal ?

L'EMPEREUR.

J'ai très bien écouté ton sermon. Pour ma peine,
Qu'on m'embrasse !

FUTURA.

Au secours !

L'EMPEREUR.

Désires-tu qu'on vienne ?
C'est plus drôle, en effet, devant témoins.

FUTURA.

Père !

L'EMPEREUR.

Ah!
Ton père! Ce serait une idée! On pourra
Recommencer pour lui, mais je ne puis attendre.
Bâclons vite la chose, et puis j'irai le prendre.

FUTURA.

C'est lui qui va venir et plus tôt qu'à ton gré.
Vacarme au dehors.
Entends-tu ce tumulte? Il n'est pas loin!

L'EMPEREUR. *courant à la fenêtre.*

Sacré
Nom de Dieu! qu'est ceci?

FUTURA.

Le combat se rapproche!
Les tiens sont refoulés!

L'EMPEREUR.

Que Belzébuth m'embroche,
Si cela n'a pas l'air d'être vrai!
Par la fenêtre.

Je descends.
Il revient à Futura.

Vite!

ACTE II. — SCÈNE V.

FUTURA.

Il faudra d'abord me tuer.

L'EMPEREUR.

J'y consens.

FUTURA.

Au secours !

L'EMPEREUR.

Tout de suite !

Il la saisit. Elle lui échappe.

Eh bien ! soit. Que m'importe ?
Il ne me déplaît pas d'épouser une morte !
Tu le veux ?

FUTURA.

Au secours !

L'EMPEREUR.

J'aime autant ça, ma foi.
Donc, je vais te tuer d'abord.

Il va pour tirer son épée. Faust, qui vient d'entrer, lui saisit le bras par derrière.

Qui donc ?...

FAUST, empoignant l'épée et la tirant.

C'est moi.

L'EMPEREUR.

Le sorcier ! — A moi, tous !

Entrent les écoliers.

Que devient donc ma garde ?

FAUST.

Ta garde a demandé merci.

L'EMPEREUR.

C'est faux !

FAUST, lui montrant la fenêtre.

Regarde.

L'EMPEREUR.

Lâches !

FAUST, à Futura.

Remercions ces amis excellents.
De quels bras vigoureux et de quels cœurs vaillants
Ils t'ont sauvée !

FUTURA.

Amis, vous êtes ma famille.

FAUST.

Et puis, viens dans mes bras.

FUTURA, s'y jetant.

Mon père !

L'EMPEREUR.

C'est ta fille !
Et quand je la tenais, j'ai bêtement perdu
Le temps en verbiage ! et je t'aurai rendu,
A toi ! ta fille intacte ! Ah ! tempête et furie !
C'est encore un effet de ta sorcellerie !
Mais qui pouvait penser que ce ramas romprait
Mes lignes ? Je causais ! — Désarmé !

A Faust.

Je suis prêt.

FAUST, aux écoliers.

Emmenez-le.

L'EMPEREUR.

Pourquoi pas ici ? Mon épée
Est bonne, et ça fera plaisir à ta poupée.

FAUST.

Tu vas être jugé.

L'EMPEREUR.

Farceur !

FAUST.

Prépare-toi

Personne n'est frappé chez nous que par la loi.
Vois ce que tu peux dire et ce que tu veux taire.
La justice attendra.

L'EMPEREUR, raillant.

Justice militaire ?

FAUST.

Non.

L'EMPEREUR.

Non ? Ah oui, tu crains que l'esprit de métier
Ne pousse des soldats à me faire quartier ?
De fait, tous ont au moins brûlé quelque village,
Et ces honnêtes gens pourraient sur le pillage
Ou le viol ne pas avoir ton préjugé.
Oui, tu vas me livrer à des pères dont j'ai
Assommé les petits enfants à coups de crosse ?

FAUST.

Non.

L'EMPEREUR.

Ce ne serait pas encore assez féroce ?
Tu préfères, je vois, des paysans à qui
J'ai pris leur argent ?

FAUST.

Non.

ACTE II. — SCÈNE V.

L'EMPEREUR.

Qui donc sera-ce ?

Entre le juge.

FAUST, le désignant.

Lui.

ACTE III

SCÈNE I

Le soir de la bataille. — Dans les rues.

LE PEUPLE.

Des lampions! — Devant nous tout fuit.
Nous avons chassé de la ville
La horde lointaine et servile.
Que ce grand jour n'ait pas de nuit!

Qu'on réveille Quatrevingt-douze!
Et qu'il dise, l'aïeul sacré,
Si ses fils ont dégénéré!
République, je vous épouse!

La gaîté dans mes veines bout.
Des lampions! — J'ai l'âpre allégresse

Du dos ployé qui se redresse.
Comme c'est bon d'être debout!

Des lampions! qu'on nous en refuse
Si l'on ose! L'on n'ose pas.
Mais comme on me traite, tout bas!
Je suis un monstre, je m'amuse!

Des lampions! mais c'est la Terreur!
Je suis un ramas de Tibères.
On a cassé les réverbères
Et je veux qu'on y voie, horreur!

Des lampions! mais demain les jacques
Feront de Paris un tison!
Plus d'un se penche à l'horizon
Espérant un bruit de Cosaques.

Soldats, frères, embrassons-nous,
Et que gaîment le clairon sonne!
La défaite n'est à personne
Puisque la victoire est pour tous!

Communes, soyez affranchies.
Les rentiers ont de sourds frissons.

Qu'ils se rassurent. Nous laissons
La banqueroute aux monarchies.

Europe, sors de ton linceul.
J'ai reconquis mon héritage,
Je suis le peuple qui partage.
Je ne sais pas être heureux seul.

Des lampions! des lampions! Druides,
César, et le pape, et le roi,
Ont fait les ténèbres en moi
Pour que j'eusse besoin de guides.

Nous voulons, enfin déchaînés,
Marcher seuls. Donc, que la première
De nos paroles soit lumière!
Illuminez! illuminez!

Que la ville qui nous est chère
Soit étoilée en nombre tel
Qu'on se demande si le ciel
N'est pas descendu sur la terre!

Des lampions! Comme nous rampions
Dans l'ombre où nous tenaient nos maîtres!

Vite, aux esprits comme aux fenêtres,
Vite, des lampions ! des lampions !

FAUST.

Peuple aujourd'hui plus grand que les autres ensemble,
Tout ce que tu voudras, tu peux le faire : tremble.
Tu t'amuses, tu ris, tu railles, c'est ton jeu
De faire rayonner la nuit. Un gamin dieu
N'aurait pas dans le ciel d'autres enfantillages ;
Tous les oiseaux dont juin emplit les verts feuillages
Semblent s'être envolés des jardins dans ton cœur,
Tant tu chantes ! — je viens te consoler, vainqueur !
Toi l'esclave éternel, te voilà libre et maître.
Maintenant, il faudra vouloir, choisir, permettre
Et défendre, dompter le flot, trouver le port.
Le capitaine est mort, et le second est mort,
Et le pilote est mort ; le matelot gouverne ;
Et l'écueil, noir bandit, attend dans sa caverne.
Oh ! délivré, debout, grandi, mais connaissant
Que tout droit est devoir, ô pauvre tout-puissant !
Conscience lâchée à travers le mystère,
Oh ! que de fois, géant jaloux du ver de terre,
Tu maudiras avec des larmes dans la voix
Toute cette grandeur sévère ! que de fois,

O terrible effaré que le doute ravage,
Tu te retourneras sombre vers l'esclavage !
— Mais, ton front couronné dût-il longtemps saigner,
Peuple ! résigne-toi cependant à régner.

SCÈNE II

Dans une rue.

TRAJAN.

Tu détrônes Néron, tu fais très bien. Mais moi,
Est-ce que tu me hais?

FAUST.

Plus que Néron!

TRAJAN.

         Pourquoi?
Ai-je donc, comme lui qui fut deux fois Oreste,
Tué ma mère et fait de ma ville un charbon?
Je suis grand, et je suis plus que grand, je suis bon.

FAUST.

C'est ta bonté que je déteste!

Je te hais d'être bon, je te hais d'être grand!
Ta vertu fait durer la chaîne en la dorant,
Et l'empereur obtient la grâce de l'empire.
La lâcheté publique est heureuse d'avoir
Un prétexte à lécher les pieds de ton pouvoir.
   Quand il est bon, le maître est pire.

Le mérite du prince est d'être sans pitié.
Néron indigne au moins le peuple châtié;
Sa cruauté vaut mieux que ta clémence infâme.
On se cabre parfois sous son coup d'éperon.
Toi, ta caresse endort la révolte. Néron
   Courbe le corps, tu courbes l'âme.

Nous casserions ton fouet si tu nous en brusquais.
Brusque-nous-en! Tu fais d'un martyr un laquais!
Hélas! le dernier pas dans l'horrible descente,
C'est que l'homme, ce souffle et cette liberté,
Dépossédé de lui, prisonnier, garrotté,
   Annulé, supprimé, — consente!

SCÈNE III

Dans une bibliothèque.

Un reître est en train de jeter un liquide sur les murs et sur le plancher. Entre une foule dirigée par un écolier.

L'ÉCOLIER.

Qu'est-ce que tu fais là?

LE REÎTRE.

J'obéis.

L'ÉCOLIER.

Ma parole.
On dirait que tu veux... — Mais oui, c'est du pétrole!
Comment! tu mets le feu, misérable — sais-tu
A quoi?

LE REÎTRE.

Je ne sais pas, moi, je me suis battu,
Et puis, mon commandant, en me donnant ce verre
Et ces gourdes, m'a dit ce que j'avais à faire.
J'obéis.

L'ÉCOLIER.

Malheureux! mais ce que tu détruis,
C'est la Bibliothèque! Oui, l'amas des grands fruits
Dont toute âme, excepté la tienne, est affamée.
Nous en vivons! Tu veux faire de la fumée
Du legs de tous les temps et de tous les pays!
Tu veux déshériter l'avenir!

LE REÎTRE.

J'obéis.

L'ÉCOLIER.

Emmenez cette brute.

<small>On emmène le reître.</small>

A présent, au Musée!
Car les chefs de ces gens haïssent la pensée
D'abord, ensuite l'art. — Qu'un groupe, citoyens,
Reste à garder ici les meilleurs de nos biens.

Un groupe se détache, dont un borgne. — Aux autres.

Allons !

L'écolier sort avec les autres.

LE BORGNE.

Rien n'est meilleur qu'un livre, — et rien n'est pire.
Oui, par ce qu'il enseigne et par ce qu'il inspire
Le livre rend à l'homme un service constant.
Le livre est le grand frère et le grand combattant.
Le livre fait le bien, défait le mal, délivre,
Empoigne, démolit, construit. C'est par le livre
Que le passé revit et que l'avenir naît.
Rien n'est meilleur qu'un livre. Et c'est pourquoi rien n'est
Pire qu'un livre. Ayant ce pouvoir, quel ravage
S'il l'emploie à rebours, s'il est pour l'esclavage
Et s'il aide le blanc à la chasse du noir,
Si de porte-lumière il se fait éteignoir,
Si, lui le précurseur, il nous traîne en arrière,
Si ton imprimerie est une meurtrière,
Faust ! C'est pourquoi, sans être indulgent au crétin
Qui, comme on éteindrait l'étoile du matin
Et comme un musulman incendierait la Mecque,
Voulait assassiner cette bibliothèque,

Je comprendrais qu'on fît un choix, et qu'on cédât,
Les bons livres triés, le reste à ce soldat.
J'aime et je hais le livre, et je serai fort aise
Qu'il parle, s'il dit vrai, mais, s'il ment, qu'il se taise !

LA FOULE.

Il a raison !

UNE VOIX.

Faisons deux tas : les bons ici,
Les mauvais là.

Ils se mettent à l'œuvre.

UN CITOYEN, *à un livre.*

Vis, toi.

UN AUTRE, *à un autre.*

Toi, tu sens le roussi.

UN AUTRE.

Où les brûlerons-nous ?

LE BORGNE.

La place la meilleure
Est la cour.

TOUS.

Jetons-les !

LE BORGNE.

Jetons !

Il va en jeter un, quand Faust, qui est entré depuis quelques instants, se montre. Tous s'arrêtent.

———

FAUST.

A la bonne heure !
C'est un très bon exemple et qui sera suivi.
Bien des imitateurs — sois-en fier et ravi —
Feront ce que tu fais. Et, comme selon l'âme
Le goût change et qu'où l'un approuve l'autre blâme,
Tes bons livres étant pour d'autres les mauvais,
Tes élèves prendront au tas que tu sauvais,
Et ta bibliothèque alors sera pareille
A l'homme qu'épilaient deux maîtresses, la vieille
Otant les cheveux noirs et la jeune les blancs.
Donc, camarade, à l'œuvre ! arrache trois mille ans
D'histoire, de science et d'art ; que chacun fauche,
Toi les livres de droite, un autre ceux de gauche ;
Et que le genre humain ait pour cri : Détruisons !

LE BORGNE.

Alors tu planterais ton jardin de poisons ?

FAUST.

Un poison est souvent un remède. — « Le livre
Peut être hostile? on peut en mourir comme en vivre?
Qu'il parle s'il dit vrai, qu'il se taise s'il ment! »
Qui dira qu'il ment? Toi? Te voilà brusquement
Infaillible. On aura deux papes. J'entends dire
Qu'un seul jusqu'à présent avait semblé suffire.

SCÈNE IV

Dans une imprimerie.

LES CARACTÈRES.

Travaillons ! les mots demandent à vivre ;
Composons la phrase, et la feuille après ;
Le papier, la presse et l'encre sont prêts ;
Faisons le journal et faisons le livre.

Vite ! la vapeur nous hèle à grands cris !
Par nous, le progrès a le mot de passe ;
Nous avons lâché dans le libre espace
L'idée, en prison dans les manuscrits.

Depuis nous, on voit cette vagabonde,
Essuyant les pleurs de ses yeux amers,
Enjamber les monts, traverser les mers,
Et d'un seul regard éclairer le monde !

Les inventions mouraient dans des trous ;
Mais nous leur donnons des ailes, nos pages !
Et légèrement, plomb lourd, tu propages
La fraîche trouvaille, et tout est à tous !

Le bien-être éclôt, le pauvre possède,
L'esprit s'enrichit, la nuit et la mort
Cessent, et, pressé d'un commun effort,
Le mystère sent que sa porte cède.

Par nous, tout vivra, même le tombeau !
Pour réconforter le chercheur qui doute
Et le diriger, l'art brille à la voûte,
Et notre plus grand bienfait est le beau !

L'ombre est lourde au front, la vie est austère,
Le chercheur renonce et se méconnaît :
Mais voici le beau ! Quand Sophocle naît,
C'est comme un baiser du ciel à la terre !

C'est le beau qui rend la force au martyr !
Dès qu'il luit, le genre humain se redresse,
Sachant qu'un chef-d'œuvre est une promesse
Et que le parfait ne peut pas mentir !

Un mot crée un monde, et dire c'est faire,
L'homme, sur qui pèse un air inclément,
Quand Job est venu, respire autrement.
L'haleine d'Eschyle est une atmosphère !

Buvez les splendeurs des livres altiers.
Le beau qui du haut de Dante ruisselle
Emplit par degrés l'âme universelle.
La Bible devient des peuples entiers.

Juvénal au temps lègue sa colère.
Pour qui voit vraiment, les éditions
Du livre, c'est vous, générations ;
Avenir, c'est toi le grand exemplaire.

SCÈNE V

Dans un cimetière.

On apporte les tués de la bataille. Foule énorme. On descend les corps dans les fosses. — Un blessé s'avance.

LE BLESSÉ.

Ceux dont les braves corps sont cloués dans ces bières
Ne sont pas morts. Ils sont couchés, figures fières,
      Travailleurs généreux,
Comme on prend son repos quand la nuit est venue.
Mais qu'ils dorment en paix! leur œuvre continue
      Et travaille pour eux.

Quand on meurt pour l'idée, on ne meurt pas! Ils vivent
Dans ceux qu'ils ont sauvés, dans les foules qui suivent
      Leur corps chargé de fleurs,
Dans ce qu'ils produiront de vaillance et de flamme,

Dans nous tous, dans nos fils, dans les enfants dont l'âme
    Sera faite des leurs.

Si l'on demande à ceux que les temps verront naître
D'où vient la liberté, la fierté, le bien-être,
    La fin de Loyola,
D'où vient la clarté vraie après les lueurs fausses,
D'où vient tout ce qu'ils ont, ils montreront ces fosses
    Et diront : C'est de là !

Oui, vous vivrez, amis. Et vous vivrez sans terme.
Tant que l'homme ouvrira les portes qu'on lui ferme,
    Tant que, malgré les vents
Et les périls, les bons oseront l'abordage
De quelque grand demain, vous vivrez, forts, et d'âge
    En âge plus vivants !

Augmentés de tous ceux que votre esprit pénètre,
Vous serez tous les jours plus vastes. A votre être
    Dès aujourd'hui si grand
Les générations s'ajouteront, ravies.
L'avenir vous rendra des milliards de vies
    Pour une qu'il vous prend.

La mort pour le progrès est la grande naissance.
C'est la perpétuelle et splendide croissance,
  C'est la paternité
Sans fin. Multipliez comme le grain qu'on sème.
En entrant dans le sol, chacun n'est que soi-même :
  Il sort humanité.

LA FOULE.

Vive l'humanité !

Les fossoyeurs jettent la première pelletée.

L'ARCHIPRÊTRE.

  Quoi ! sans une prière !
Est-ce donc que ces morts n'avaient pas d'âme ?

LE BLESSÉ.

         Arrière,
Prêtre ! Va proposer tes psaumes autre part.

L'ARCHIPRÊTRE.

Ainsi, sans viatique en ce sombre départ,
Sans que pour leurs péchés on ait demandé grâce,
Sans l'adieu de la foi, sans christ qui les embrasse,
Sans que par l'eau bénite ils aient été lavés,
Tu vas les enfouir comme des chiens crevés !

S'ils ne sont qu'une chair que déjà le ver mange,
Si tu ne vois en eux qu'un vil reste de fange
Qui fait boucher le nez même à tes guenillards,
Tu n'en aurais pas dû salir ces corbillards
Ni le jour : c'est la nuit qu'au moins ces pourritures
Auraient dû s'enlever, et dans d'autres voitures,
Et tout ce cimetière est saisi de courroux
De te voir employer à leur creuser des trous
Ceux dont jusqu'à présent les pioches et les pelles
Travaillaient pour des corps sacrés par les chapelles.
Ne déshonore pas ces hommes plus longtemps ;
Ils n'ont à s'occuper que des morts pénitents
Dont l'absolution dans le sépulcre dure.
Mais pour ces excréments, pour cet amas d'ordure
Dont l'immense étalage insulte aux cieux vengeurs,
Les fossoyeurs qu'il faut, ce sont les vidangeurs !
Si vous êtes pourris par votre République
Jusqu'à ne pas vouloir d'un prêtre catholique,
Prenez qui vous voudrez, un bonze, un talapoin,
Un iman, un rabbin, un pasteur ! Il n'est point
De religion vraie en dehors de la nôtre,
Mais plutôt que pas une appelles-en une autre ;
Sinon chrétien, sois juif ou sois mahométan.
Es-tu donc à ce point un suppôt de Satan
De n'avoir aucun Dieu ?

LE BLESSÉ.

Je m'en passe.

L'ARCHIPRÊTRE.

Infamie !
Quoi ! ton frère couché, quoi ! ta sœur endormie,
Tu te sépares d'eux pour toujours sans souci !
Et pourtant, disais-tu, les morts vivent !

LE BLESSÉ.

Ici.
Leurs noms sur ces tombeaux, leurs âmes dans nos âmes.

L'ARCHIPRÊTRE.

Seulement ?

LE BLESSÉ.

C'est assez.

L'ARCHIPRÊTRE.

Vous l'entendez, vous femmes,
Vous mères qui pleurez une fille, vous fils
Dont la mère est gisante aux bras du crucifix,
Toi, tiens, à qui la mort arracha de la lèvre
Celle qui t'emplissait de folie et de fièvre,
Vous espériez mourir et que votre trépas
Vous rendrait vos absents : cet homme ne veut pas !

Cet homme vous les prend, cet homme les achève,
Cet homme les détruit tout entiers, c'est le rêve
De cet homme, envié par le ver qui les mord,
De ronger jusqu'à l'âme et de tuer la mort !
Avec lui, renoncez à la tendre pensée
De revoir, toi ta mère et toi ta fiancée,
Et toi le doux petit dont les pas enhardis
Te faisaient dans le cœur un bruit de paradis !
Vous qui ne voulez pas que les mortes soient mortes,
Toi qui comptes, le jour où les funèbres portes
S'ouvriront, retrouver celle qui t'a quitté,
Laissez cet assassin de l'immortalité !
Et que quiconque, à l'heure où l'obscurité tombe,
Va pleurer et jeter des fleurs sur une tombe,
Quiconque se souvient des chers êtres perdus,
Vienne à nous par qui seuls ils lui seront rendus !
Venez !

Un certain nombre des assistants vont vers l'archiprêtre,
surtout des femmes.

FAUST.

Pas par vous seuls !

Ceux qui allaient vers l'archiprêtre s'arrêtent.

Je ne consens pas, prêtre,
A te laisser la part énorme de notre être,

Et je ne me sens pas la générosité
De te faire cadeau de notre éternité,
Je ne porterai pas ce denier à ta Rome.
    Au blessé.
Tu ne crois pas à Dieu, soit. Mais tu crois à l'homme.
C'est un étrange effet de ta croyance à lui
Que d'en faire un éclair éteint dès qu'il a lui,
De réduire son être à cette chair grossière
Qui commence en ordure et finit en poussière,
D'en faire un pauvre objet qui serait un moment
Si peu de chose et puis rien éternellement !
Et le dogme pourra rire de ta bravade
Si c'est dans le néant que le penseur s'évade !
Pour moi, l'homme est plus grand que la terre ! Comment
Vit-on après la mort ? Quel autre vêtement
Que le corps porte-t-on ? Qui sait ? Ce qu'à cette heure
J'affirme, c'est qu'il est impossible qu'on meure,
C'est que rien ne finit ! J'ai la profonde foi
Que mort on vit : ici dans tous, ailleurs en soi.

          LE BLESSÉ.

Vivre ailleurs qu'ici ? Non ! C'est de cette espérance
Qu'est faite la misère humaine ! La souffrance
S'insurgerait : — « Pourquoi ? disent les jouisseurs.
Pour des ennuis d'un jour qui sont les précurseurs

D'un bonheur éternel ! Quand demain, tout à l'heure,
La mort va vous ouvrir le ciel ! Heureux qui pleure !
Plus on aura souffert, plus on sera comblé.
Ne nous enviez pas, frères, les champs de blé,
Les vignes, les sacs d'or ; car nous en devrons compte,
Et plus on est chargé, moins aisément on monte. »
— Et, sûre de trouver son rêve dans ce trou,
La résignation stupide tend le cou.
Et, comme le vin sort des grappes qu'on pressure,
L'enivrement des rois sort de notre blessure.
Ah ! l'homme est las enfin d'être celui qui vend
La chair pour l'ombre ! Il veut vivre de son vivant !
Tout de suite ! Voici trop longtemps que Lazare
Ne mange que demain. Quant à moi, je déclare
Que le premier devoir est de se battre en duel
Avec ce meurtrier de la terre, le ciel !

FAUST.

C'est pour que l'homme soit plus heureux sur la terre
Que tu lui prends le ciel ? Suppose ton progrès
Accompli ; plus de maître et plus de prolétaire ;
Pain et lumière, tout à tous, — et rien après ;

Suppose l'homme tel que tu le veux, superbe,
Libre, seigneur du lieu, cueillant tous les beaux fruits,

Fleuri de plus d'espoirs que juin n'a de brins d'herbe,
Heureux, complet, parfait. Alors, tu le détruis.

Tu fais l'homme plus fort, plus digne, plus austère,
Comme on engraisse un bœuf avant de le frapper.
Et ta grande tendresse est pour le ver de terre
Dont la croissance humaine augmente le souper.

Mais qu'importe, pourvu qu'on possède et qu'on croisse?
Ayant joui de tout, qu'importe de pourrir?
Ah! ton plus de bonheur, ce serait plus d'angoisse,
Car l'ivresse de vivre est l'effroi de mourir.

L'homme sera viril, oublieux de lui-même,
Insensible à sa mort? Soit. Sera-t-il aussi
Insensible à la mort des siens? Quand ceux qu'on aime
S'en iront, faudra-t-il n'en avoir plus souci?

La mort des êtres chers est déjà bien affreuse
Avec ce grand espoir qu'on les reverra; mais
Si c'est dans le néant que la tombe se creuse
Et si l'éternité répond aux pleurs : Jamais!

Quel deuil! Et c'est afin que l'homme ait plus de joie
Que tu rêves cela! Tu dis à l'amoureux :

J'arrache de tes bras ta chère et douce proie,
Tu ne la reverras jamais, sois très heureux !

Feras-tu que ce soit sans une peine amère
Qu'on perde pour toujours père, enfant, frère, sœur ?
Le bonheur sera-t-il de n'aimer plus sa mère ?
Le progrès sera-t-il de n'avoir pas de cœur ?

Ah ! cela te ferait horreur plus qu'à personne,
Toi qui veux, tu l'as dit, que, semés là-dessous,
Les morts soient comme un grain que l'avenir moissonne
Et qu'éternellement ils revivent dans tous.

Donc, pour diminuer la douleur, tu l'augmentes.
Donc, si tu ne veux pas qu'on les oublie, il faut,
Pour mêler un rayon d'espoir à ces tourmentes,
Qu'en même temps qu'ici les morts vivent là-haut.

Ils y vivent ! Ici quelle chose est entière ?
Comment ! tu veux finir, ami, toi le féal
Du futur, l'habitant du progrès sans frontière !
Tu poursuivras de monde en monde l'idéal

Ainsi que je t'ai vu de chant en chant poursuivre
Les poèmes divins dont tu t'émerveillais.

La terre est une page et le ciel est le livre.
Nous lisons, et la mort nous tourne les feuillets.

Après cette existence aux faims inassouvies,
Une autre nous attend, que plus d'une autre suit,
Et l'âme trouvera dans la mort plus de vies
Que le regard ne voit d'étoiles dans la nuit.

Mourir, c'est simplement l'autre façon de naître.
L'homme a droit d'être heureux sans lâches abandons
Et pour se consoler n'a pas besoin du prêtre.
On peut nous confier les morts : nous les rendons.

Vous qui d'absents aimés sentez encor l'étreinte
Et dont les tristes yeux sont un double ruisseau,
Restez et regardez notre fosse sans crainte.
Fiancés, c'est un lit; mères, c'est un berceau!

Ceux qui s'étaient éloignés reviennent.

ACTE IV

SCÈNE I

Une montagne.

Paraît un homme.

LA MONTAGNE.

Salut, vivant! Je suis fière de ta visite,
Et je voudrais pouvoir t'offrir un plus beau site;
Daigne pourtant t'asseoir et rester un instant.
Causons. Quoi de nouveau chez vous? Est-on content?
Que prêche le théâtre, et que pense la rue,
Et que fait l'atelier? De combien s'est accrue
La somme de lumière et de fraternité
Que chaque siècle lègue à votre éternité?
Toi, dans l'ardent foyer quelle est ton étincelle?
Quel est ton versement à la masse? Ton zèle
Est-il de supprimer la faim, le froid, les pleurs,
Pour qu'étant plus heureux les hommes soient meilleurs?
Es-tu celui par qui la guerre est terminée

Où le typhus guéri? Fais-tu la cheminée
Contre l'hiver, le rail contre l'éloignement?
Travaille vite alors! c'est le rapprochement
Des peuples qui se fait dans celui des frontières.
Es-tu le constructeur des mâtures altières
Dont le sillage noue entre eux les continents,
Et dresses-tu parmi les agrès frissonnants
La hune d'où, malgré l'écume et le mystère
Et les lâches, Colomb rayonnant cria : Terre!
Est-ce toi qui te fais un matelot du vent
Et de l'astre un pilote? Est-ce toi qui, trouvant
Que posséder le sol par la locomotive
Et la mer par l'hélice est richesse chétive,
Cherches à t'arrondir de l'air par le ballon?
Oserais-tu monter le dernier échelon
Et, jusqu'aux univers hasardant ta pensée,
Tenter à travers cieux la grande traversée?
Ou, changeant de moyen, améliores-tu
Ta race en l'enseignant? car science est vertu.
Fais-tu du chêne fier l'humble banc de l'école
Où, comme le semeur jette son grain qui vole
Au champ qui souffre un peu lorsque le soc le fend,
L'alphabet sèmera ses lettres dans l'enfant?
Prends tous les miens; je vais t'aider à les abattre!
En fais-tu les gradins du sombre amphithéâtre

Qui force la mort même à servir les vivants?
Tâche d'en faire, ami, fût-ce dans les grands vents
Et dans la nuit — d'où sort l'aurore, — l'autre lune
Qui montre aussi la terre à Colomb, la tribune !
Ou produis-tu le bien sous la forme du beau?
Es-tu l'âpre écrivain dont l'œil est un flambeau,
Et ma forêt profonde aura-t-elle la gloire
De devenir la table et mon fer l'écritoire
D'où tes livres, pareils à des oiseaux de feu,
S'envoleront dans l'air dorénavant plus bleu?
L'aigle alors, s'arrachant sa plume la plus belle,
Va l'offrir à ta main comme à la plus grande aile !
Peut-être est-ce plutôt le ciseau du sculpteur
Qui convient à tes doigts ? Es-tu de la hauteur
Des frontons où surgit la Patrie étoilée
Et des arcs triomphaux sur qui, farouche, ailée,
Orageuse, et joignant le clairon à sa voix,
La Révolution souffle l'horreur des rois?
Quelle nouvelle idée as-tu faite statue ?
Qu'ajoutes-tu de vie aux hommes?

L'HOMME.

Je les tue.

LA MONTAGNE.

Je n'ai pas entendu. Répète, s'il te plaît.

L'HOMME.

Je les tue.

LA MONTAGNE.

O soleil!

L'HOMME.

Qu'as-tu?

LA MONTAGNE.

L'être complet,
Celui qui sait parler, celui que je ne nomme
Qu'en tremblant et tout bas, l'homme! il existe un homme
Qui ne craint pas!... Infâme! et tu montres tes mains!
Un homme éteindre un homme! Ah! les râles humains
Que la maigre lionne écrase dans sa gueule
Ne sont rien — que la mort; car la liberté seule
Peut le mal, et la bête, en proie au vil instinct,
Pas plus que le boulet de canon qui t'atteint
Et qui ne pouvait pas se détourner en route,
N'est coupable du sang qui par elle dégoutte;
Les meurtres du jaguar ne le regardent pas;
L'ours bouffonne, content de faire un bon repas,
Et garde en vous broyant son innocence infime,
Et le tigre est trop peu pour avoir droit au crime.
Mais toi, tu peux répondre à l'entraînement : non,

Étant un homme, au moins de figure et de nom...
Tu n'en es pas un! non! par la voûte infinie,
Ton semblant de visage est une calomnie!
Mais je vais te livrer aux hommes, malheureux!

L'HOMME.

Les meurtres que je fais me sont payés par eux.

LA MONTAGNE.

Tu mens!

L'HOMME.

Je leur fais tort en disant que je tue.
Car, si la tête est bien par ma hache abattue,
Je ne suis que la main, ils sont la volonté.
Ils discutent entre eux avec solennité
S'il ne serait pas bon de faire rendre l'âme
A quelque corps; et c'est quelquefois une femme
Qu'il leur plaît d'égorger...

LA MONTAGNE.

Tu mens!

L'HOMME.

Ils font leur choix
Devant leur Dieu qu'ils ont cloué sur une croix,
Infaillibles...

LA MONTAGNE.

Tu mens !

L'HOMME.

Mai rit à la fenêtre.
L'accusé se proteste innocent, l'est peut-être,
Pleure, se tord les mains, supplie, est condamné.
C'est seulement alors qu'on m'appelle. Je n'ai
Nulle part au destin de ce misérable être.
Je voudrais l'épargner, je n'en serais pas maître :
Pour ôter tout pouvoir à ma compassion,
Peu probable, le lieu de l'exécution
Est plein de cavaliers qui la protègent, raides
Sur l'étrier, le sabre au poing. Mes pauvres aides
Et moi, nous sommes là de simples instruments.
Le bourreau, c'est la loi.

LA MONTAGNE.

Tu mens ! tu mens ! tu mens !

SCÈNE II

En justice.

LE JUGE.

Reprenons l'audience où nous l'avons laissée,
Comme un rocher sur qui la tempête insensée
Essaye en vain l'assaut de la vague qui bout,
Le Droit, tout ruisselant de sang, reste debout.
Pendant que les pavés sont frémissants encore,
Je remonte à mon siège, et le vainqueur implore
Mon concours. Tout est l'onde et je suis le granit.
Le grand conservateur est celui qui punit.
Rien ne dure sans moi. C'est sur ce mot : châtie,
Que la société tout entière est bâtie.
Le supplice aboli serait l'égalité

Des bons et des mauvais : donc la pénalité
D'abord est équitable. Ensuite elle est utile ;
Encager le renard, écraser le reptile,
Faire la chasse au tigre et lui casser les dents
Dont il nous mangerait, sont des actes prudents ;
La peine rend encor ce service plus ample
D'être à tous les méchants un effrayant exemple
Et de les arrêter au seuil du mal ; punir
N'est pas que châtier, c'est aussi prévenir ;
Un méfait qu'on punit, c'est mille qu'on supprime ;
Si l'on doit voir un jour l'extinction du crime,
C'est par le châtiment, tout autre mode est vain.
Qu'est le code pénal ? c'est le code divin.
Notre sévérité n'est que l'humble copie
Du procédé d'en haut. Pour combattre l'impie
Quelle arme semble bonne à Dieu ? Le Jugement.
Frissonnez. C'est sa loi. Vous ferez sagement
De ne pas accomplir vos projets sanguinaires.
Celui qui n'aura pas entendu les tonnerres
Entendra les clairons des archanges. Sonnez
Les assises ! Et quels condamnés, les damnés !
Le code, c'est l'enfer traduit en langue humaine.
Donc, frappons sans pitié. Si quelque énergumène
Contestait notre droit, il nous troublerait peu ;
Car quiconque nierait le juge nierait Dieu !

ACTE IV. — SCÈNE II.

A l'huissier.

Suivez l'ordre du rôle.

A l'avocat.

Avocat, on t'écoute.

L'avocat se lève. C'est Faust, méconnaissable.

Ceux-ci sont accusés de meurtre, mais je doute
Et je serais heureux si la défense avait
La preuve qu'aucun d'eux n'a tué.

FAUST.

Tous l'ont fait.

LE JUGE.

C'est toi qui le dis!

FAUST.

Oui.

Montrant le premier accusé.

Celui-ci naquit louche,
Risible, affreux; moqué de tous, il fut farouche;
Les filles, à vingt ans, le raillaient sans façon;
La colère le prit; un jour qu'un beau garçon
En s'amusant de lui faisait rire une femme,
Il répondit un coup de couteau.

LE JUGE.

La mort.

Un autre accusé.

FAUST.

                                        L'âme
De cet autre était sombre et mauvaise en naissant.
L'éducation seule et le soin incessant
De l'amour maternel auraient pu le refaire ;
Mais sa mère était morte en couches, et son père
Buvait et le laissait aller comme le vent
Le poussait.

LE JUGE.

L'échafaud.

Troisième accusé.

FAUST.

                Celui-là, tout enfant,
Sa mère l'envoyait voler aux devantures.

LE JUGE.

Exécutez.

Quatrième accusé.

FAUST.

Cet autre a subi les tortures
De la faim et du froid sans succomber ; un jour,
A dix-huit ans, il eut une autre faim, l'amour ;
Une fille passa, charmante ; il devint pâle ;
Cette fille lui dit : Je veux bien pour un châle !

ACTE IV. — SCÈNE II.

Il vola. La prison le prit, plein de remords,
Et lui fit des — amis; il fut saisi dès lors
Par l'horrible engrenage. Oh! le crime nous gagne
Si vite! La prison l'a fait bon pour le bagne,
Et puis le bagne l'a fait bon pour l'échafaud.

LE JUGE.

Guillotinez.

Cinquième accusé.

FAUST.

Celui qui tient son front si haut
Avait, l'été dernier, ouvert une boutique
De libraire, et voyait déjà quelque pratique,
Lorsqu'il fut arrêté comme voleur. On n'est
Jamais seul. Il avait sa femme; elle venait
Justement d'accoucher; la douleur et la honte
La saisissent; le sang à la tête lui monte
Et trouble sa raison; elle dit : Scélérats!
Et, prenant son petit nouveau-né dans ses bras,
Va se précipiter du quatrième étage
Sur le pavé. Le fonds fut saisi comme gage
Au nom des créanciers, et ne les paya pas.
Cet homme le matin était heureux, hélas!
Aimé, père; et le soir brusquement, tout de suite,
Pour femme et pour enfant il avait la faillite!

Il adorait sa femme. Un ménage récent.
Et puis, on reconnut qu'il était innocent.
Il sortit de prison furieux et capable
De tout. La peine ou lui, lequel est le coupable?
Il a tué, pour rien, en riant.

LE JUGE.

    Condamné,
Sang pour sang. L'assassin doit être...

FAUST.

      Assassiné.

On amène l'empereur.

LE JUGE, à l'empereur.

Si, pour avoir commis un meurtre ou deux à peine,
Leur sentence est la mort, quelle sera la tienne,
A toi, tout dégouttant d'exterminations,
Égorgeur de cités, tueur de nations?
Ne souris pas. Je sais le préjugé vulgaire
Qui voudrait distinguer le meurtre de la guerre;
C'est une opinion que je vois dominer
Qu'assassiner beaucoup n'est plus assassiner
Et que l'énormité du crime l'atténue.

Que dis-je? atténuer? le crime continue
En gloire, et le rayon le plus éblouissant
Dont resplendisse un front, c'est la tache de sang!
Le Droit n'accepte pas ces choix de la démence.
Qu'est-ce que le héros? un assassin immense.
Et tous les assassins n'ont ici qu'une loi.
J'ai dit. Qu'allègues-tu pour ta défense?

L'EMPEREUR.

Et toi?

LE JUGE.

Si ton intention était, par aventure,
De manquer de respect à la magistrature
Au point que je te fisse arracher de ton banc
Pour qu'alors, condamnant un absent et tombant
D'un juge exaspéré par l'affront, la sentence
Perdît de son prestige et de sa compétence,
Ton calcul serait vain. Je suis déterminé
A tout entendre. Donc, sois aussi forcené
Que tu voudras, blasphème autant qu'il peut te plaire,
Tu tâcheras en vain d'obtenir ma colère,
Et tous reconnaîtront à mon œil calme et froid
Que ton juge n'est pas un homme, mais le Droit.
Le plus sage pour toi serait de te défendre.
Voyons, te défends-tu?

L'EMPEREUR.

     Je vais bien te surprendre :
Oui. Sois stupéfié, j'accepte pleinement
Ta juridiction; tombe d'étonnement,
Je déclare très haut, et sans nul subterfuge,
Que je ne pouvais pas avoir un meilleur juge;
Reste abruti, l'arrêt que tu vas prononcer
Sera sacré pour moi; ce n'est pas m'avancer
Beaucoup, je le connais. Il est d'une logique
Rigoureuse qu'après la harangue énergique
Où tu donnais ta ville et le monde aux troupiers,
Tu me coupes le cou, m'ayant léché les pieds!
Tu voudrais m'épargner, tu n'en serais pas libre.
Tout homme sérieux doit mettre en équilibre
Les actes de sa vie, et je t'accorderai
Que ne me condamner qu'à mort est modéré
Après m'avoir offert l'empire, et je confesse
Que l'arrêt n'est pas même égal à ta bassesse.
Donc, tu vas condamner — tu ne seras jamais
Plus utile — celui qu'hier tu proclamais.
La guerre, hier divine, est devenue infâme.
Piller, tuer, régner par le fer et la flamme,
C'est de l'ignominie — ou de la majesté.
La morale, c'est toi qui l'auras attesté,

Change selon qu'on est à terre ou sur le faîte.
Le bien, c'est le succès, et le mal, la défaite.
Tu vas prouver qu'hier tu baisais les genoux
D'un assassin horrible, et leur apprendre à tous,
Du haut du tribunal que leur respect décore,
Que ton prince d'hier, qui le serait encore
S'il avait dans le tas mieux planté son épieu,
Est criminel d'avoir assassiné trop peu !
Et tu crois que je veux infirmer ta sentence !
Lorsque tu vas d'un mot ôter toute importance
A ce que les niais appelaient la vertu
Et, toi le juge, en pleine audience, vêtu
De la simarre, ayant le Christ à ta muraille,
Faire de la justice une vieille ferraille !
Et je serais celui qui t'en empêcherait !
J'ai si peu le désir de gêner ton arrêt
Que je vais me laisser défendre, et que je prie
Mon avocat de bien soigner sa plaidoirie,
Ne prononce qu'après.

LE JUGE, à l'avocat.

Parle.

FAUST, au juge.

Tu n'as rien dit

Contre lui qui ne soit exact. Il est bandit,
Ravageur, meurtrier, incendiaire, et pire,
Car tu n'as pas nommé son grand crime : l'empire.
Ce reître avait rêvé que, du mont au vallon,
Tous seraient le troupeau d'un seul; son dur talon
Comprimait jusqu'au sol un peuple qui se forme.
Tuer la liberté, voilà le meurtre énorme.

Un fait qui peut, sinon absoudre sa fureur,
L'expliquer, c'est qu'il est bâtard d'un empereur.
Qui sait ce que ce père a mis dans sa nature,
Et quelle excuse peut avoir sa forfaiture
Dans cette hérédité terrible à la raison
Qui fait que par moments le sang est un poison,
Et que l'âme d'un mort dans un vivant opère,
Et qu'on est criminel d'être fils de son père?
Puis sa mère était là, l'invitant, le pressant,
Soufflant la convoitise infâme à l'innocent;
Il n'avait pas quatre ans qu'elle lui disait : Sire!
A l'âge tendre où l'homme est une molle cire,
Elle lui modelait son âme d'à présent.
Il n'a peut-être été d'abord que complaisant
Et son ambition n'était que filiale;
Mais l'âme, ainsi gâtée, est vite impériale.

Puis ceux qui, par leur faute ou par celle du temps,
Traînent sur le pavé des rêves mécontents,

Tous les gueux sans souliers qui veulent des voitures
Et que leur pauvreté dispose aux aventures,
Car qui n'a pas d'habit ne tient guère à sa peau,
Et ceux qui pour patrie ont l'ombre d'un drapeau,
Et les vieux serviteurs du césar mort qu'enivre
L'apparence de voir leur jeunesse revivre,
Et puis les intrigants déçus, les affamés
De places et d'honneurs, et puis les mal famés,
Les véreux, les gredins aux figures sinistres
Qui sont galériens s'ils ne sont pas ministres,
Tous entourent le prince, et vont le gangrenant
De leurs conseils, poussant son coude, lui donnant
La couronne et, pour peu qu'un scrupule l'arrête,
Prêts à la lui planter de force sur la tête.
Pas même un mot à dire, et l'on est Majesté!
On résiste aisément quand on n'est pas tenté;
Mais si, de l'aube au soir, tout ce qui t'environne,
A genoux, te disait : Règne! si la couronne
D'elle-même s'offrait à tes doigts embrasés?
Combien en connais-tu d'empires refusés?

    Cet homme accepta. Vol, serment, viol, massacre,
Dès lors tout lui fut bon; il gagna bien le sacre!
Et c'est sombre à penser combien la terre but
De sang, et le chemin était digne du but.
Je ne conteste aucun des crimes que tu comptes;

Ce prince est monstrueux, noir de toutes les hontes,
Plus grouillant de forfaits qu'un cadavre de vers.
Mais le juge profond sait que, bon ou pervers,
On n'est pas seul auteur de ce qu'on fait, qu'en somme
L'action est souvent plus coupable que l'homme,
Et que nous devons tous, sévères à moitié,
Avoir horreur du mal, et du méchant pitié.

L'EMPEREUR.

Parfait.

LE JUGE.

Tu ne veux rien ajouter?

L'EMPEREUR.

Inutile.
Je désire rester sur l'effet de son style.
Si les considérants de ton verdict sont prêts,
Prononce.

LE JUGE.

Devant Dieu qui nous écoute, après
Débats et plaidoirie, — attendu que ce reître,
Soi-disant empereur, est assassin et traître,
Que le meurtre a toujours été l'unique emploi
De sa vie, et qu'hier il a changé la loi

Et tenté d'usurper l'autorité suprême,
Pour tous ces attentats avoués par lui-même,
Nous voulons que, le jour qui suivra celui-ci,
Il soit publiquement décapité.

L'EMPEREUR.

— ... Merci.

SCÈNE III

Dans une salle d'hôpital.

L'INFIRMIER, à des visiteurs.

C'est une médecine entièrement nouvelle.
Un de ces grands esprits à qui Dieu se révèle
L'a trouvée, et veut bien en faire part à tous.
Les malaises petits ou grands, depuis la toux
Jusqu'aux malignités des fièvres typhoïdes,
Tous les cas, brusques, lents, habituels, perfides,
Suivent avec stupeur d'étranges traitements
Où n'entre pas un seul des vieux médicaments.
Notre siècle n'a rien conçu de plus immense.
Qu'en résultera-t-il? je l'ignore, on commence;
Mais si l'arbre prédit le fruit, le résultat
Doit être étourdissant. Vous voyez que l'État

Dans ce bel hôpital nous livre cette salle
Pour que nous y tentions l'épreuve colossale,
Et nous laisse traiter les gens comme il nous plaît.
Mais vous allez avoir un aperçu complet
Du système, et juger les clameurs qu'il excite;
Car voici justement l'heure de la visite.
Vous pouvez vous mêler aux internes.

<small>Entre Faust en robe de médecin, suivi d'internes. Il va au premier lit.</small>

FAUST.

Tâtons
Le pouls. Quatrevingt-dix. Qu'est-ce que ces boutons?
Tourne-toi par là. C'est la petite vérole.
Quatre mois de prison.

LE VISITEUR.

Comment?

L'INFIRMIER.

Toute parole
Est interdite.

FAUST, à un autre lit.

Et toi, quel mal t'a fait venir?

LE MALADE.

Un appauvrissement du sang. Je crois finir
A chaque moment. Vois si mes bras sont étiques!

FAUST.

Tu seras dégradé de tes droits politiques.

LE VISITEUR.

Je rêve.

FAUST, continuant sa tournée.

Celui-ci ne va pas à mon gré.
Auscultons. Poitrinaire au deuxième degré.
Réclusion. Deux ans. Et cinq de surveillance
De la haute police.

LE VISITEUR.

Ah ! par ma foi !...

L'INFIRMIER.

Silence !

FAUST.

Çà, mais voici quelqu'un que j'ai déjà soigné.

L'INFIRMIER.

L'autre mois, en effet, tu l'avais condamné
A vingt jours de prison. Mais son mal est rebelle
Et, depuis sa sortie, a repris de plus belle.

FAUST.

Récidive ! Le drôle a, la première fois,
Fait vingt jours de prison : il en fera six mois.

ACTE IV. — SCÈNE III.

LE VISITEUR.

Chez qui suis-je ?

FAUST, à d'autres malades.

Sueur, faiblesse, intermittence
Du pouls, prostration. Mais une circonstance
Atténuante : un coffre excellent. Quinze francs
D'amende, et les dépens. — Toi ? tes reins sont souffrants ?
Ce n'est rien. Acquitté. — Toi qui te tords le râble ?
Comment ! mais c'est le vrai choléra ! Misérable !
Monstre ! Travaux forcés à perpétuité.

LE VISITEUR.

Mais...

L'INFIRMIER.

Chut !

FAUST, à un malade qui a la camisole de force.

Eh bien, mon brave, on est donc garrotté ?
Je vois, on est méchant, on hurle, on se mutine.
On mord. Fou furieux. Qu'on me le guillotine.

LE VISITEUR, hors de lui.

Ah ! c'est trop ! Je ne puis me taire plus longtemps.
Laisser dire tout haut les choses que j'entends
Serait lâche !

FAUST.

Quel est ce monsieur?

LE VISITEUR.

Je suis membre
Du Corps législatif. J'informerai la Chambre,
Et j'interpellerai les ministres!

FAUST.

Peut-on
Obtenir de monsieur qu'il baisse un peu le ton
Et qu'il daigne un moment calmer son anathème
Pour dire le défaut qu'il trouve à mon système?

LE VISITEUR.

Ton système! Oses-tu te croire médecin?
Prendre un corps compromis et le refaire sain,
Faire mieux, empêcher que le mal ne nous vienne,
Voilà la médecine. Elle a nom hygiène.
Mais ce que tu commets a nom férocité,
Ou démence. Choisis. Quelle efficacité
Ont donc pour la santé les peines infamantes?
Le but est d'abolir le mal, toi tu l'augmentes.
Car, au lieu d'assainir, le bagne et la prison

Empoisonnent. J'admets tout pour la guérison ;
Si mon malaise peut se gagner, qu'on m'isole ;
Si je nuis ou me nuis, mets-moi la camisole
De force, — seulement le temps de mon accès.
Mais condamner, punir, livrer — je rougissais
De t'entendre et j'en crois mon oreille salie —
La fièvre au garde-chiourme, au bourreau la folie !
Toi médecin ? tu mens ! tu n'es qu'un tourmenteur !

FAUST.

Je croyais que monsieur était législateur.

LE LÉGISLATEUR.

Je te l'ai dit.

FAUST.

Alors, cette horreur sans limite
M'étonne de la part de quelqu'un — que j'imite.

LE LÉGISLATEUR.

Tu nous imites ?

FAUST.

Oui. — Qu'est-ce que les méchants ?
Des malades. Chacun n'a-t-il pas ses penchants ?

Souvent le misérable est né mauvais, farouche,
Bestial, sombre, oblique; on trahit comme on louche;
Les crimes de plus d'un sont des vices du sang.
Lorsque la conscience était saine en naissant,
La faute est le produit de la vie insalubre
Qui nous est faite à tous, de ce milieu lugubre
Où chacun a sa plaie et son infirmité,
L'un l'indigence, l'autre un projet avorté,
Celui-ci l'ignorance où tout se rapetisse,
Celui-là l'incurable ennui d'une injustice,
Tous la contagion exécrable de voir
Réussir les escrocs d'argent ou de pouvoir,
Tous le prêtre donnant l'exemple de mal faire,
Tous la corruption devenant l'atmosphère!
Gagné sur terre ou bien apporté d'on ne sait
Quel abîme, le mal est maladie, et c'est
La santé du moral qu'on appelle innocence,
Et le retour au bien est la convalescence.
Dites fous furieux et non pas assassins.

 Or, ces malades-là vous ont pour médecins,
Faiseurs des lois. Eh bien, quels médicaments est-ce
Qu'on vous voit employer pour que le méchant cesse
Ou ne commence pas? Quel est votre moyen
D'atténuer le mal et d'affermir le bien?
Quel est votre calmant? Quel est votre tonique?

Vous avez adopté cette ordonnance unique :
Le châtiment, et puis toujours le châtiment.
C'est toute l'hygiène et tout le traitement
De votre médecine ; et, si le malade ose
Avoir une rechute, elle double la dose.
Suppressions de droits civiques ou civils,
Fers, dégradations, réclusions, exils,
Travaux forcés, voilà les tisanes reçues
Dans votre faculté ; vous avez pour sangsues
Les amendes ; en fait de frictions, les coups
De bâton et de fouet des gardiens sur les cous
Des galériens et sur leurs côtes trop soignées
Pleuvent, et le bourreau pratique les saignées.

 Il m'a fallu me faire à votre procédé,
Et je n'ai pas sans peine été persuadé
Que décoller quelqu'un lui cause un mieux sensible ;
Mais, comme ce n'est pas une chose possible
Que des législateurs soient inintelligents,
Ce moyen vigoureux de rétablir les gens,
Puisque vous l'employez, ne peut qu'être efficace.
Dès lors, n'admettant plus le séné ni la casse,
Je prends comme codex votre code pénal.

 Donc, quand vous essayez la voix de Juvénal
Parce que, pour guérir le mal, je le châtie,
Votre indignation est de la modestie.

Et vous êtes vraiment bien sévères pour vous
En me rangeant parmi les gredins ou les fous
Pour ce fait d'appliquer votre propre dictame
Et de traiter le corps comme vous traitez l'âme.

SCÈNE IV

Une place sur laquelle il y a un échafaud.

Foule sur la place, aux fenêtres, sur les toits. Un gamin, gêné par la taille d'un reître, essaye de passer.

FOURRAILLON.

Dites donc, militaire, après vous, s'il en reste.

LE REÎTRE.

Ah çà, gamin !...

FOURRAILLON.

Troupier, le dos de votre veste
Est, mon nez y consent, un assez bon mouchoir,
Mais je me dirigeai vers ces lieux pour voir choir
Une tête, et non pas pour cracher dans vos poches.

LE REÎTRE.

De quoi, gredin?

<small>Il se retourne inquiet. Fourraillon en profite pour se glisser devant lui.</small>

FOURRAILLON.

Merci, héros. — Pas de taloches,
Ou je mords! Et sachez que je suis enragé.

<small>Apercevant un ami.</small>

Greluchet! Hé! là-bas! Greluchet! J'ai changé
De place avec l'armée... — As-tu fini?... — Madame,
Je dois vous prévenir que Greluchet me blâme
D'exposer mon épouse au voisinage infect
De gamins qui pourraient vous manquer de respect.
Il nous croit mariés.

<small>A Greluchet.</small>

Erreur!

<small>Admirant la foule.</small>

Manants, vous êtes
Un bon tas. Le bourreau va dire : Que de têtes!

<small>Tourné vers l'échafaud, où les aides achèvent leurs préparatifs.</small>

Commencez, je suis prêt. — Cependant, citoyens,
Comme, madame et moi, nous sommes mitoyens,
J'attendrai.

<small>Avec majesté.</small>

Ce qu'on va faire sur cette place,
C'est un exemple. C'est une chose qui glace

D'un salutaire effroi ceux qui seraient tentés
De se laisser aller à ces légèretés
Dites assassinats, étranglements, tueries.
La loi, peu favorable à ces espiègleries,
Montre son échafaud, et tout le monde a peur.
— Tiens! ils chantent : « *Rien n'est sacré pour un sapeur!* »
Bis! bis! — Le crime alors rentre dans sa coquille.
Vous vous dites : « J'allais empoisonner ma fille,
Je vois où ça conduit, fichtre! privons-nous-en! »
Je vous déclare à tous que je suis partisan
De la peine de mort. Par elle...

Deux spectateurs se querellent.

PREMIER SPECTATEUR.

Bête brute!

FOURRAILLON.

Le meurtre cesse...

DEUXIÈME SPECTATEUR.

Porc!

FOURRAILLON.

Et l'homme... — Une dispute!

Il s'y intéresse.

PREMIER SPECTATEUR.

Chien!

FOURRAILLON, les excitant.

Ksi!

DEUXIÈME SPECTATEUR.

Mangeur de poux!

Ils se collettent. Tout à coup le deuxième spectateur s'affaisse.

FOURRAILLON, regardant à la main droite de l'autre.

Joli couteau!

DEUXIÈME SPECTATEUR.

Je meurs!

FOURRAILLON, continuant son prêche.

Les exécutions adoucissent les mœurs.

VOIX DANS LA FOULE.

Arrêtez-le!

LE MEURTRIER, brandissant son couteau.

Je plains le premier qui s'approche.

UNE FEMME, le désignant à des sergents de ville.

Là.

FOURRAILLON.

Les mouchards!

UN SERGENT, au meurtrier.

Rends-toi!

LE MEURTRIER.

Non.

LE SERGENT.

Tu veux qu'on t'embroche?

LE MEURTRIER.

Oui.

Il se défend et blesse un des sergents de ville.

FOURRAILLON.

Le gouvernement a son paquet aussi.

LE MEURTRIER, terrassé et désarmé.

Canailles!

On lui met les menottes et on l'entraîne.

FOURRAILLON.

Au plaisir de te revoir — ici.

D'autres sergents emportent le mort. Fourraillon reprend son discours interrompu.

Donc, la peine de mort terrifie...

Regardant dans une maison.

On déjeune
Là-haut. Oui. Tiens, ce vieux auprès de cette jeune!
S'il me la confiait, j'en trouverais l'emploi.
Messeigneurs, cette fille est belle!

LE REÎTRE.

Pas pour moi.

FOURRAILLON.

Elle n'est pas pour toi, j'en conviens. Sur mon âme,
Je la préfère presque aux restes de madame!

Il salue sa voisine.

LA VOISINE.

Insolent!

FOURRAILLON.

J'ai dit presque. O vous qui m'écoutez,
Je fus aimé souvent. De nombreuses beautés,
Madame, ont dans ma couche éparpillé leurs tresses;
Mais cette fille vaut trois cents de mes maîtresses !
— Aimez-vous. Quel dessert! Bon vieillard, donne-m'en,
Ou je raconterai ta nuit à ta maman.
Elle quitte la table. Un jeune l'accompagne.
Ils viennent au balcon, verre en main. Du champagne!
Oh! voir guillotiner son semblable en sablant
Du champagne! Madame, eh! un verre de blanc,
Et je vous en rendrai tout à l'heure un de rouge!

La jeune femme sourit.

La pièce! Ah! mais, je siffle à la fin! Rien ne bouge.
Le condamné devrait savoir que je l'attends

Et se presser un peu. Tuons au moins le temps.
Vrai, si j'avais du vin, j'en boirais une pinte.
— Greluchet, trouves-tu ma voisine bien peinte?

Tout à coup.

Il me vient un soupçon épouvantable : il a
Sa grâce! Si... — Non, Faust ne m'eût pas fait cela,
Il est trop bon. J'en ai ma chemise inondée.

A sa voisine.

Tâtez.

La voisine refuse.

Je voudrais être une fois dans l'idée
D'un homme qui regarde un échafaud pour lui.
Je ne connais encor que l'échafaud d'autrui.
Ceux qui viennent pour eux sont quelquefois bien drôles.
La tête pend aux uns flasque sur les épaules,
Leurs yeux sont aux trois quarts fermés, sans leur sanglot
On les croirait partis, et ce pauvre Charlot
A la peine de les hisser à son échelle.
D'autres ne veulent pas qu'on mouche leur chandelle
Et se roulent à terre et hurlent. C'est charmant.
Et ce n'est encor là que le commencement;
Mais le couteau qui tombe, et la tête, et la pluie
Rouge du tronc!... Les jours suivants, tout vous ennuie.
Ce n'est qu'ici qu'on vit!... — Ce militaire tord
Sa moustache d'un air de mépris : il a tort.

Mais ce n'est pas mépris, j'y pense, c'est colère.
De fait, étant soldat, ça ne peut pas lui plaire
Qu'on vienne lui rogner un soldat sous le né.

LE REÎTRE.

Tu patauges. J'aimais fort peu le condamné,
Qui ne s'est guère épris de pousser ma fortune,
Et, sans en conserver précisément rancune,
Je suis plutôt content qu'on lui fauche le cou.
Mais mon bonheur est calme et, quand je vois jusqu'où
Va le tien pour un homme envoyé dans la fosse
Et jusqu'où l'échafaud dans ton culte se hausse,
Je ne peux retenir un geste de mépris
Pour tes amusements misérables.

FOURRAILLON.

Débris !
Ah ! ce n'est pas gentil une tête qu'on coupe ?
Vous n'aimez pas ça, vous ? Le défaut de la troupe
Est de croire que tout se passe dans les camps.
J'en ai vu, l'autre année, un de trente-cinq ans
Au moins, il appelait sa mère. Est-il possible
Que ça ne plaise pas ?

LE REÎTRE.

Ça me laisse paisible.

FOURRAILLON.

C'est que vous n'avez pas de sensibilité.

LE REÎTRE.

J'en ai, mais pour sortir de ma tranquillité
Il me faut un sujet autre qu'un badinage.
Les exécutions, marmot, c'est de ton âge.
Celui qui n'a rien vu peut, je le lui permets,
Trouver cela plaisant ; mais si tu vas jamais
A la guerre, et qu'alors il souffle un vent de houle,
Tu sauras ce qu'on doit nommer du sang qui coule !
Tu verras là de vrais spectacles, des milliers
De moribonds hurlant, des yeux dans tes souliers,
Une plaine rougie où l'on croirait qu'on nage ;
Tu connaîtras le sac des villes, le carnage
Des femmes qu'on écrase un enfant dans les bras,
Le feu qu'on met, les vieux rôtis comme des rats,
Les malades guéris à jamais, et les dômes
Qui font en s'écroulant des marmelades d'hommes.
Voilà ce que j'appelle un divertissement !
Ça chatouille l'esprit. Mais le retranchement
D'un seul homme ! Du sang à noyer une mouche !
Il m'en faut un peu plus pour me rincer la bouche !
Et nous sommes dix mille à nous en régaler !
Un seul homme ! prenez garde de vous soûler.

J'ai vu tous tes joujoux, échafaud, pal, potence.
Sache que, sans compter mes meurtres à distance,
Ceux que les coups de feu faisaient au loin pleuvoir,
Sans les meurtres perdus que je n'ai pas pu voir,
J'ai fait dans un seul jour cette besogne honnête
De crever six mortels avec ma bayonnette.
Voilà tuer! — Une autre infériorité
Des exécutions, c'est notre oisiveté.
Tout le plaisir est pour le bourreau. Lui seul cogne.
Comment! il va s'emplir de sang comme un ivrogne
Et garder tout le meurtre, et tu n'es pas jaloux!
Quoi! tu seras content quand on tuera sans nous!
Fainéant! Moi, tout vieux que je suis, ça m'embête,
Et ça me donne soif de casser quelque tête.
Qu'on ne m'agace pas, ou gare un mauvais coup!

Mais n'exagère pas ma critique. Après tout,
Je ne veux nullement nuire à la guillotine.
Ma seule objection, c'est qu'elle est enfantine;
Mais je ne la hais pas, et j'y viens, sans ardeur.
Je trouve le bourreau gentil dans sa fadeur.
Il est des échelons jusqu'au bonheur suprême,
Et voir tuer existe après tuer soi-même.
La foule qui s'étouffe a raison; je conçois
Que ces distractions caressent les bourgeois;
Moi, je suis un soldat. J'ai vu la moins canaille

Des exécutions, — après une bataille,
Vingt prisonniers, dont un de quatrevingt-sept ans,
Un de douze bientôt : — j'ai bâillé tout le temps.

FAUST, déguisé.

Gamin, ton pied de nez peut être une réponse.
Laisse-moi le traduire. — Ainsi, ce reître énonce
Qu'un homme pour dix mille est un pauvre repas
Et que, ce vil dîner, on n'en est même pas.
C'est son objection, n'est-ce pas? tout entière.
Deux erreurs. Tu ne vois, reître, que la matière.
Mais tu me répondras que le côté moral
Des choses n'est pas fait pour un vieux caporal.
    Matériellement, Charlot seul exécute;
Mais sois spirituel une seule minute :
Qu'est-ce donc que Charlot exécute? la loi.
Or, la loi, qui la fait? tout le monde, moi, toi,
La nation, par ceux que choisit son suffrage.
Conséquemment, Charlot ne fait que notre ouvrage;
Nous sommes le poète, il n'est que notre acteur;
Le bourreau véritable est le législateur.
Donc, c'est nous qui tuons. Pas nous-mêmes? Je t'aime.
Faut-il, pour bien dîner, qu'on ait tué soi-même
Le mouton, assommé le bœuf, saigné le veau?
Ce serait par exemple un principe nouveau

Que l'assaisonnement d'une chère parfaite
Fût de salir ses mains aux boyaux de la bête !
Le corps humain non plus n'est pas propre à toucher,
Et l'on a son bourreau comme on a son boucher.
 Deuxième point. Mais quoi ! rien qu'un homme ! à dix mille !
Voilà grand chose auprès du meurtre d'une ville
Ou bien d'une bataille entre deux nations !
Tu nous reviens avec des indigestions
D'escadrons en hachis et de femmes grillées,
Et le ventre rempli de terribles mêlées,
Et, nous trouvant émus d'un cou qu'on va couper,
Tu te moques très fort de notre humble souper.
Ce maigre égorgement, cette tuerie étique
Te semblent suffisants pour des gens de boutique.
Un autre comprendrait que c'est ce seul mourant
Qui fait précisément notre meurtre plus grand !
 Qu'est-ce que vous frappez ? des gars de votre espèce
En nombre égal au vôtre ; une furie épaisse
De tueurs par leurs chefs et la poudre enragés,
Avec de bons fusils excellemment chargés
Et des canons ravis de vous cracher des trombes
De mitraille, d'obus, de boulets et de bombes ;
Les régiments de ligne à s'approcher sont prompts,
Et la cavalerie, à grands coups d'éperons,
Éventre vos carrés, et sa lance est pointue ;

ACTE IV. — SCÈNE IV.

Alors, il faut tuer ou mourir. Donc, on tue.
Mais n'appelle pas ça meurtre, ce n'est qu'un duel :
Tu te défends. Bon reître ! il se trouve cruel !
Innocent ! — Nous avons, nous, au lieu d'une armée
Forte en gueules de bronze et de nous affamée,
Un seul être, parfois une femme, à moitié
Morte de peur, les mains au dos, criant pitié.
Et contre cette femme en larmes qui s'écroule,
Tu dis qu'on est dix mille ? on est bien plus ! la foule
Qui grouille ici d'abord, et puis la troupe, et puis
Derrière nous la ville, et puis tout le pays
Du prince à l'ouvrier et du soldat au prêtre,
Trente-six millions d'hommes contre un pauvre être !
Je ne dis pas assez, toute l'humanité..
Le nombre ajoute au fait sa monstruosité.

Quand tu viens comparer nos actes, tu me navres.
Tu te vantes d'avoir un jour fait six cadavres ?
Six en un jour ! le sage est satisfait de peu.
Et combien dans ta vie ? une centaine ? peuh !
Je t'apprends que tes mains près des miennes sont vierges.
Un seul piment a plus de goût que vingt asperges,
Cent verres d'eau sont moins qu'un verre de poison.
Quand tu multiplierais tes exploits à foison,
Quand ton total serait sérieux, quand les chiffres
S'effraieraient de compter les morts dont tu t'empiffres,

Tu serais devant moi, bougonne s'il te plaît,
Le bébé que nourrit une goutte de lait,
Le seul égorgement qui ne soit pas futile,
Ce n'est pas six tués par un, ni cent, ni mille,
Ni cent mille : la grande extermination,
C'est un homme tué par une nation !

Ainsi, nous égorgeons bien plus que vous. J'ajoute :
Bien mieux. Ce fort dîner dont ta barbe dégoutte,
Comment le faites-vous ? Brutalement, les yeux
Aveuglés de fumée, assourdis, furieux,
A la hâte, en courant où le clairon vous sonne ;
Vous mangez dans le tas, sans déguster personne,
Sans qu'un râle soit plus ou moins délicieux ;
Vous fusillez parfois vos prisonniers, c'est mieux,
Mais vous les fusillez pendant l'affaire, ou presque ;
Le lendemain matin, on est chevaleresque
Et l'on achèverait à peine les blessés ;
Anges ! Mes échafauds ne sont pas si pressés ;
Je fais de chaque meurtre une fête infinie.
Ce n'est pas toi qui sais fignoler l'agonie !
Quand je condamne un homme à mort — devant Jésus,
Au lieu de me jeter gloutonnement dessus
Comme un chien affamé que le hasard convie,
Je le soigne, je lui fais espérer la vie.
N'a-t-il pas le pourvoi d'abord, puis le recours

En grâce? il sent au fond que ses instants sont courts
Et, chair pas encor morte et déjà pas vivante,
Lardé d'inquiétude, embroché d'épouvante,
Il cuit à petit feu deux mois dans son cachot;
Alors le bourreau met la table, et servez chaud !
C'est d'un tendre ! Vois-tu l'abîme qui sépare
Votre massacre épais de notre meurtre rare,
Votre hachis tout cru de gros péril salé
De notre fin cadavre à point et rissolé?

Voilà, noble shako, quel est mon ordinaire.
Mais, tout en préférant mon mode culinaire,
Je ne dis pas non plus tes massacres malsains.
Je ne méprise pas les autres assassins.
Condottière, je suis juste pour toi, la guerre
A son atrocité; c'est grossier et vulgaire,
Mais c'est toujours tuer, et nous sommes d'accord
En ceci que tout meurtre est bon. Vive la mort !
L'odeur du sang humain embaume ta moustache,
Soyons amis. L'épée est la sœur de la hache,
Et nous nous complétons tous deux, la quantité
Étant à l'un et l'autre ayant la qualité.
Frère, c'est donc à tort que contre moi tu grognes,
Toi le gourmand et moi le gourmet des charognes.

Mouvement dans la foule.

FOURRAILLON.

Le cortège !

<small>On se bouscule.</small>

FOURRAILLON.

Quel flot ! — Hohé !

<small>A un gros homme qui l'écrase.</small>

Tiens, l'éléphant
Qui n'est plus au Jardin des Plantes !

<small>Recevant sa voisine dans l'estomac.</small>

Chère enfant,
Soyons sage. En public !

LA VOISINE.

C'est le flot qui m'enlève.

FOURRAILLON.

Flot héroïque ! — Assez d'attouchements, vieille Ève !

<small>Il se dégage.</small>

Mais qu'est-ce que j'ai donc dans les yeux ? J'ai cru voir
Monter à l'échafaud un grand fantôme noir.
Mais oui !

<small>Le juge est monté, puis une figure qu'un voile noir cache de la tête aux pieds.</small>

Je suis pourtant dans mon état lucide.
— Serait-ce une surprise aimable, un parricide
Qu'on nous décollerait par dessus le marché ?

—Ah ! l'empereur !

<small>L'empereur monte d'un pas ferme.</small>

Bravo, monstre ! Il n'a pas bronché.
Il est aussi tranquille ici que sur son trône.
C'est un beau scélérat.

<small>A l'archiprêtre, qui est monté après l'empereur.</small>

Tu vas perdre ton prône,
Marchand d'*ave*. Ce prince a peu l'air d'un cafard.

LA VOISINE.

Impie !

<small>Elle se signe.</small>

FOURRAILLON.

Excusez-moi si je parle sans fard,
Mais les marchands chez qui vous vous êtes fournie
N'en avaient plus. Là, là, pardonne, Virginie,
Et ne m'embrasse pas.

<small>Criant.</small>

Silence !

<small>Tous n'ont plus d'yeux et d'oreilles que pour l'échafaud.</small>

L'EMPEREUR, à la figure voilée.

Si tu crois
Que ce voile te cache et que sous ses plis droits,
Invisible, tu n'as même plus forme humaine,
Tu te trompes. Je t'ai reconnue à ma haine !

Eh bien? nous venons donc voir mourir le bandit?
Ton père souriait de pitié quand j'ai dit
Là-bas que ça ferait plaisir à sa poupée.
Depuis Hérodiade, une tête coupée
Est un cadeau qui fait très bien dans les écrins
Des femmes. Pare-toi de la mienne. Je crains
Que la noire épaisseur dont tout ton corps s'empêtre
Ne t'empêche de voir. C'est pour ne pas paraître
Devant celui qui t'a tenue entre ses bras
Et par confusion que tu t'enténébras
De ce voile? Sois donc plus brave. Rassasie
Tes yeux! Cette bourgeoise et plate hypocrisie
Déshonore le meurtre. Ah! les vierges jadis
Avaient dans ces moments mieux que des fronts hardis.
Iphigénie était prêtresse de Diane
Et, loin de se cacher à ceux qu'elle condamne,
De sa main vigoureuse enfonçait le couteau.
C'est un geste plus fier que ton incognito!
Débarrasse-toi donc de ton nuage, étoile!
A ta place, vraiment, j'arracherais mon voile
Et je voudrais lancer seule le couperet
Et sentir dans mes doigts le coup qu'il frapperait!
Tu ne veux pas? alors, qu'un autre me dételle!

 Au bourreau.

Viens-tu? ma gorge est prête.

ACTE IV. — SCÈNE IV.

L'ARCHIPRÊTRE.

Et ton âme, l'est-elle ?
Repens-toi.

L'EMPEREUR.

De quoi donc ?

L'ARCHIPRÊTRE.

Ne raille pas, mourant !

L'EMPEREUR.

Ce n'est pas pour railler, je suis très ignorant,
Et, n'ayant plus grand temps, j'ai hâte de m'instruire.
Je me repentirai si tu veux bien me dire
De quoi ?

L'ARCHIPRÊTRE.

De tout. De tes batailles, de tes vols,
De tous tes exploits, sacs, fusillades, viols,
De toute ta hideuse et fauve tragédie,
Des hôpitaux poussant des cris dans l'incendie,
Des enfants qu'on t'a vu joyeusement sabrer !

L'EMPEREUR.

De tout ce que tu m'as proposé de sacrer ?

L'ARCHIPRÊTRE.

Te repens-tu ?

L'EMPEREUR.

Vainqueur, je serais providence
Et sauveur, tu mettrais tous tes clochers en danse,
Et, parfumé de tous les encens du saint lieu,
Je serais assassin par la grâce de Dieu.
Vaincu, je ne suis bon qu'à faire pénitence.
Le juge m'avait dit cela, mais sa sentence
N'est que l'expression du droit humain, tandis
Que toi, c'est de la part de Dieu que tu le dis.
Bien. Tu me demandais si mon âme était prête?
Certes! Je me repens très fort — de ma défaite.

L'ARCHIPRÊTRE.

Alors, baise le Christ.

L'EMPEREUR.

De bon cœur. Ce Dieu-ci
Me va.

Il baise le crucifix.

FOURRAILLON.

Capon!

L'EMPEREUR, à l'archiprêtre.

Veux-tu que je t'embrasse aussi?
Je désire beaucoup aider ton industrie.

On ne nous entend pas. Viens donc !

Il l'embrasse.

FOURRAILLON.

O ma patrie !

A bas !

LA VOISINE, qui pleure d'attendrissement.

Tu ne crois pas, môme, à l'éternité ?

FOURRAILLON.

J'y crois quand je vous vois.

LA VOISINE.

Ver !

FOURRAILLON.

Pas d'obscénité !

LE BOURREAU, à l'empereur.

A genoux. Là.

L'EMPEREUR.

C'est juste. Aux pieds de ma maîtresse :

La mort.

A la figure voilée.

Je n'ai jamais, si cela t'intéresse,
Aimé qu'elle. — Il en est temps encore, crois-moi,

Ne donne pas ton meurtre à cet homme.

Le bourreau le boucle. — Il ne reste plus qu'à lâcher le couperet.

LA FIGURE VOILÉE, au bourreau.

         Ote-toi,
Le reste me regarde.

Elle arrache son voile. C'est Futura.

L'EMPEREUR.

  Enfin !

VOIX DANS LA FOULE.

       C'est une fille,
En effet ! — Dans son œil quelle colère brille !
On dirait qu'elle va tonner ! — C'est Futura !
C'est la fille de Faust ! — Frappe !

L'EMPEREUR, triomphant.

         Elle aussi tuera !

VOIX DANS LA FOULE.

Le gueux l'a maltraitée, alors elle se venge.

FOURRAILLON.

Une femme bourreau ! merci, mon Dieu ! Mon ange,
Frappe ! Tu restes là les yeux levés au ciel.

L'EMPEREUR.

Qu'attends-tu ?

LA FOULE.

Frappe!

FUTURA, regardant la foule.

Qui?

LA FOULE.

Le meurtrier!

FUTURA.

Lequel?

LA FOULE.

Je n'en vois qu'un.

FUTURA.

Et toi?

LA FOULE.

Je crois que tu veux rire.
Moi meurtrier? Quel crime ai-je commis?

FUTURA.

Le pire.

LA FOULE.

J'ai tué?

FUTURA.

Qu'est-ce donc que tu fais maintenant?

Sous le gouffre où tu vois les astres frissonnant,
Sous l'effrayant regard de l'immensité noire,
Tu viens!... Ah! c'est horrible! Ah! je tâchais de croire
Qu'à l'instant de frapper la honte les prendrait!
Mais ils laissaient tomber l'infâme couperet
Sans dire un mot! Et plus d'une femme est présente!
Donc, juge, bourreau, foule où j'entends qu'on plaisante,
Prêtre, donc vous venez avec tranquillité
Égorger à vous tous un homme garrotté!
Ah! c'est trop! la douceur renonce! je me fâche!
O vil ramas, qu'es-tu le plus, cruel ou lâche?
Cet homme, au moins, risquait sa vie. Et c'est le cœur
Troublé d'ambition, d'orgueil et de fureur
Qu'il a tué. — Vous, c'est à froid que vous le faites.
Noir tas! Et pour les uns les meurtres sont des fêtes,
Et les autres, sans haine et sans férocité,
Viennent assassiner par curiosité,
Et quelques-uns avec des figures blasées
Qui ne s'amusent pas, et je vois aux croisées,
Distraites, et la main jouant à leurs colliers,
Des femmes!... — Au secours, père! et vous, écoliers,
Mes frères, fouet en main, ruez-vous sur la place,
Et balayez-la-moi de cette populace!

 Les écoliers chassent la foule. — Futura, montrant les maisons.

Vous, entrez là-dedans, et que tous ces valets

De bourreau sortent vite, et fermez les volets !
Pour avoir vu cela, que ces maisons deviennent
Aveugles !

> Le juge, le prêtre, le bourreau et les aides ont disparu. — Il n'y a plus sur l'échafaud que l'empereur et Futura.

    Seuls !

> Elle vient à l'empereur et le débouçle.

    Debout !

> Il ne bouge pas.

        Eh bien, tes genoux tiennent
Au bois ?

> Il se lève machinalement.

    Descends.

> Il obéit, sans une parole, à reculons et en fixant sur Futura un regard stupéfait et irrité.

    On va te ramener au lieu
D'où tu viens.

> Descendant aussi.

    Maintenant, les torches.

> Les écoliers accourent avec des torches allumées. — Futura en prend une et approche la flamme d'un poteau.

        Que le feu
Dévore jusqu'au faîte et jusqu'à la racine
Cette charpente infâme où le droit assassine,
Qu'il en ronge le bois, qu'il en mange les clous,

Et que les vents du ciel, furieux comme nous,
En emportent la cendre au-dessus de la nue,
Et qu'on ne sache pas ce qu'elle est devenue !

L'échafaud disparaît dans les flammes.

ACTE V

SCÈNE I

Les Nations.

LA TURQUIE.

Guerre !

LA RUSSIE.

Turquie, à bas de ton trône sénile !

LA FRANCE.

Angleterre, tu crois qu'il suffit d'être une île
Pour ne craindre personne ? Et parce qu'autrefois
Une tempête fit une coque de noix
De l'Armada terrible et parce qu'à Boulogne
Bonaparte flaira l'ours Océan qui grogne
Et s'éloigna, tu dis : Qui donc me ferait peur ?
Tu négliges peut-être un détail : la vapeur.

La tempête aura beau dresser ses lames hautes,
La vapeur va te mettre un peuple sur les côtes,
Et dès demain, malgré le grognement de l'eau,
Nous allons te payer Poitiers et Waterloo,
Et nous écraserons tes villes contre terre,
Et nous te jetterons pierre à pierre, Angleterre,
Dans l'eau qui te rassure, et, quand un étranger
Désirera te voir, il n'aura qu'à plonger!

L'ANGLETERRE.

Je ne me souviens pas, pardon si je te choque,
Que dans mon Westminster, n'importe à quelle époque,
Londre ait vu sacrer roi d'Angleterre un Français;
Mais je crois savoir — si parfois je m'abusais,
Tu peux me redresser — que dans ta Notre-Dame
Paris a vu, pendant que le fer et la flamme
Jetaient tes gens à terre et tes moissons aux vents,
Couronner roi de France un Anglais de neuf ans.
Guerre!

L'AUTRICHE.

Prusse, j'aurai ma revanche!

L'ALLEMAGNE.

Qui vais-je
Attaquer?

ACTE V. — SCÈNE I.

LE DANEMARK.

Nous avons un vieux compte, Norvège !

L'ESPAGNE.

Guerre !

TOUTE L'EUROPE.

Guerre !

FAUST.

Attendez !

Il regarde à terre.

De la terre où tu gis
Après tant d'action, surgis ! surgis ! surgis !
Nous avons aujourd'hui besoin de ta visite.
Je suis celui par qui le passé ressuscite.
Debout ! Je te l'ordonne !

Sort de terre un homme.

L'HOMME.

A moi, les compagnons !
Vive Armagnac ! et mort à tous les Bourguignons !
Mais qu'est-ce que j'ai fait de mes armes ? Qu'on m'aille
Chercher mon arquebuse et ma cotte de maille !
Vous êtes Armagnac puisque vous m'appelez.
Sus à Bourgogne ! Et, comme août fauche les blés,
Fauchons les gens !... — Mais quoi ! cet air d'indifférence...

FAUST.

On n'est plus Armagnac, ni Bourgogne : on est France.

L'HOMME.

Que dis-tu?

FAUST.

Que la France à présent est un corps
Dont les provinces sont les membres.

L'HOMME.

Quoi! — Je sors
De là-dessous, mes yeux sont encor lourds de terre,
Je vois mal. — Est-ce donc qu'on ne fait plus la guerre
De Gascon à Normand, de Picard à Breton?
Si c'est cela, comment alors s'y prendra-t-on
Quand deux villes auront une dispute entre elles?
Car on n'est pas toujours amis. Dans les querelles,
Je ne sais qu'un moyen de se mettre d'accord :
C'est de se battre. Alors c'est simple. Le plus fort
A raison... — Mais, si j'ai bien compris ta doctrine,
Qu'un jour le labourage offense la marine
Ou que ceux des coteaux gênent ceux des vallons,
Quel moyen avez-vous d'en finir?

FAUST.

Nous parlons.

L'HOMME.

Des façons de railler je n'en accepte aucune.

FAUST.

Nous avons notre champ de combat : la tribune.
Regarde.

Sur un geste de Faust, des murs s'élèvent; et les interlocuteurs se trouvent dans une chambre de représentants du peuple. — Séance tumultueuse. — Un orateur, à la tribune, est interrompu, à chaque phrase, par les applaudissements de la gauche et par les huées de la droite.

VOIX A DROITE ET A GAUCHE.

Oui! — Non! — Très bien! — A l'ordre!

L'ORATEUR.

Un dernier mot.
Cette loi, le pays la veut. Il la lui faut.
Il l'aura!

*Il descend de la tribune. — Triple salve d'applaudissements d'un côté.
Violentes rumeurs de l'autre.*

A DROITE.

Le pays! Ah oui, la populace!

A GAUCHE.

C'est admirable!

L'HOMME.

Enfin ! ils bougent de leur place ! Ils vont se battre ?

FAUST.

Ils vont voter.

L'HOMME.

Voter ?

On vote. — Puis le résultat est proclamé

FAUST.

La loi Est adoptée.

L'HOMME.

Et puis ?

FAUST.

Chacun s'en va chez soi.

L'HOMME.

S'armer ?

FAUST.

Dîner.

L'HOMME.

Après ?

FAUST.

Dormir.

L'HOMME.

Cela m'affole.
Plus de guerre?

FAUST.

La grande épée est la parole.
Vaincre n'est rien, convaincre est tout. Un château pris
Se reprend : nous faisons le siège des esprits.
Ce sont les orateurs qui gagnent la bataille.
Les grands coups de canon dont le pays tressaille
Sont des discours.

L'HOMME.

Parfois, je m'en souviens, jadis
Des gens sortaient de l'ombre avec des mots hardis
Que nous comprenions mal : on verrait une autre ère ;
L'ennemi d'aujourd'hui serait demain le frère ;
Quand ils disaient cela, nous leur répondions tous
Que c'était impossible et nous chassions ces fous.

FAUST.

L'impossible devient aisément le vulgaire.

La chambre disparaît.

L'HOMME.

Donc, c'est fini, la guerre est morte?

L'ALLEMAGNE.

Guerre!

LA RUSSIE.

Guerre!

LA TURQUIE.

Guerre!

L'HOMME, à Faust.

Mais tu disais...

L'AUTRICHE.

Frappons le premier coup!

L'HOMME, à Faust.

Tu me...

TOUTE L'EUROPE.

Vaincre ou mourir!

L'HOMME.

Convaincre n'est pas tout?

L'EUROPE.

Mon épée aime peu n'être pas occupée!

L'HOMME.

J'ai cru que la parole était la grande épée ?

L'EUROPE.

Le canon va parler puisque vous êtes sourds !

L'HOMME.

Les grands coups de canon ne sont plus les discours ?

L'EUROPE.

Que l'incendie éclate et que le sang ruisselle !

L'HOMME.

Mais la guerre, voyons, n'est donc pas morte ?

L'EUROPE.

Oui, celle
Des provinces, mais non celle des nations.

L'HOMME.

Tiens !

L'ALLEMAGNE.

D'où sort cet intrus avec ses questions ?
Sinon au fer, à quoi veux-tu qu'on en appelle
Lorsqu'on ne s'entend pas ? La paix perpétuelle,
N'est-ce pas ? Il est temps de chasser ce fou !

L'HOMME.

                              C'est
Ce que nous répondions quand on nous annonçait
La paix entre Picards et Bretons.

L'Allemagne se tait. L'homme continue.

                         La plus forte
Des preuves, je la suis. C'est une guerre morte
Qui te parle. Tu vois, la guerre peut mourir.
Je te dis, moi pour qui le sol va se rouvrir,
Que la tienne mourra comme est morte la nôtre.
Pourquoi ce qui s'est pu d'une province à l'autre
Ne se pourrait-il pas de pays à pays?
Si vous vous haïssez, nous nous sommes haïs.
Si vous avez vos lois, nous avions nos coutumes.
Vous êtes aujourd'hui ce qu'autrefois nous fûmes,
Soyez unis ainsi que nous étions discords.
Il est temps que l'Europe aussi devienne un corps
Ayant les nations pour membres. Tout s'enchaîne.
De l'enfant qui fait l'homme au gland qui fait le chêne,
Tout grandit. L'embryon est le vrai conquérant.
Vos petits parlements, c'est bien; à quand le grand?
A quand le parlement — pas d'Europe, c'est mince,
L'Europe n'est encor qu'une grande province —
A quand les Continents-Unis? Je vous le dis,
Moi le dur combattant du combat de jadis,

Moi le provincial démodé, l'intrépide
D'une lutte à présent impossible et stupide,
Moi la guerre enterrée et que mangent les vers,
Je vous déclare à tous la paix de l'univers,
Et j'attends pour rentrer dans la terre profonde
Que vous ayez ouvert le parlement du monde!

La salle s'élargit et s'emplit de représentants du monde entier.
Faust préside.

FAUST.

J'ouvre la session du parlement humain.
La parole est la mère auguste de demain.
Vous allez, d'une voix que rien ne fera taire,
Tout produire au grand jour, et dans toute la terre
Jeter le dialogue international.
Par ce prodigieux porte-voix, le journal.
Fils, la parole agit plus que l'action même.
L'action récolte, oui, mais la parole sème!
Semez, parlez! jetez le bon grain à plein poing!
D'abord, la paix de l'homme avec l'homme n'est point
Toute la paix : il faut aux époques futures
La paix de l'homme avec toutes les créatures
Qui saignent sous nos pieds ou pèsent sur nos fronts
Et qui souffrent par nous ou par qui nous souffrons.

Nous la ferons! qu'ils soient nos martyrs ou nos maîtres,
Amis, nous étendrons la paix à tous les êtres
Et nous aurons, vainqueurs miséricordieux,
Pitié des animaux en bas, en haut des dieux.

SCÈNE II

Une prison, contiguë à une imprimerie.

L'EX-EMPEREUR.

Qu'est-ce donc que j'éprouve? Ah çà, suis-je encor moi?
Qu'est-ce que cette fille a donc au front? Pourquoi
N'ai-je pas — délié, seul avec une femme —
Arraché du poteau le couperet infâme
Et ne me suis-je pas, m'en armant à deux mains,
Fait un rouge passage à travers ces gamins?
Pourquoi n'en ai-je pas eu même la pensée?
Quoi! son geste a suffi pour que, tête baissée,
Saisi de je ne sais quel stupide frisson,
Rageant, je sois rentré lâchement en prison,
Comme un chien au chenil sur un signe du maître!
Je n'avais pourtant pas le pli de me soumettre.
A-t-elle donc vraiment cet infernal pouvoir

Que disaient, l'autre jour, ceux qui, rien qu'à la voir
Venir vers eux, tranquille et d'un livre occupée,
Sentaient entre leurs doigts s'amollir leur épée?

<small>On entend vaguement les voix des caractères de l'imprimerie voisine.</small>

LES CARACTÈRES.

Oh! comme vouloir est loin de tenir!
Hâtons le progrès! Quand surgira-t-elle
Du sillon creusé, la moisson nouvelle?
Faisons du présent jaillir l'avenir.

Car le genre humain enfin se révolte
Devant la lenteur du fruit espéré
Et celui qui sème est exaspéré
De n'être jamais celui qui récolte!

L'EX-EMPEREUR.

D'où vient qu'à l'âge où vivre est doux, ces écoliers
Meurent pour elle avec plaisir? C'est par milliers
Qu'ils se sont fait tuer. Comme elle leur commande!
Comme, lorsque la foule, altérée et gourmande
De la curée humaine, allait mordre dedans,
Elle m'a brusquement arraché de leurs dents!
De quel droit? Je n'ai pas, je crois, demandé grâce.
Comme elle avait l'accent qui tonne et qui terrasse!

Je l'entendais, et puis je l'ai vue, ébloui.
Imbécile! — Ha! moi qui méprisais celui
Qu'elle me renvoyait tout tremblant et tout blême!
Moi qui le dégradais! — Dégrade-toi toi-même!

LES CARACTÈRES.

A l'œuvre! Malgré le rire railleur,
Que le paradis sur terre se fasse.
L'homme plus heureux n'est que la surface;
Notre but profond, c'est l'homme meilleur.

L'EX-EMPEREUR.

Je souffre. — Je l'avais pourtant bien outragée.
Son insolent pardon l'aurait-il mieux vengée?

LES CARACTÈRES.

N'est-ce pas toujours de soins plus touchants
Qu'une mère entoure un enfant difforme?
O société, toi la mère énorme,
Donne aux malheureux, prodigue aux méchants!

L'EX-EMPEREUR.

Elle a dans le regard je ne sais quelle flamme.
Ah! j'aurais mieux aimé sentir la froide lame
S'enfoncer dans mon cœur que ses yeux dans mes yeux!
Quel affreux charme a-t-elle? Ah oui, j'aimerais mieux

Être mort. — Le danger est que je la revoie.
Avoir été celui dont tout était la proie
Et qui broyait le monde en son poing triomphant,
Et misérablement avoir peur d'une enfant!
Je souffre! La revoir? non, plutôt, qu'on me crève
Les yeux! — Je ne veux pas la revoir, même en rêve!

LES CARACTÈRES.

La nuit fait au monde une cécité.
Le voleur attend que le soir descende,
Et l'assassin tue à tâtons. La grande
Faiseuse de mal est l'obscurité.

L'ombre est la voleuse et la meurtrière.
La nuit est terrible : astres, au secours!
Ce qu'il faut encor, ce qu'il faut toujours,
C'est de la lumière et de la lumière!

L'EX-EMPEREUR.

C'est singulier, j'ai cru que j'entendais sa voix.
Qu'ai-je donc? — Est-ce toi qui parles? — Si tu crois
Me réduire!... — Au secours, astres? Tu les réclames?
Ah! comme je les hais, ces complices infâmes
Qui salissent la nuit de leurs crachats vermeils!
Quand serai-je assez grand pour souffler les soleils!

Et toi, plus lumineuse et plus belle à toi seule
Que tous les astres, toi qui me fais lâche et veule,
Je te hais plus que tout le ciel !

Entre l'archiprêtre.

L'ARCHIPRÊTRE.

                 Te voilà donc
Humilié, chétif, chêne devenu jonc,
Ne sachant même plus à quoi l'on te destine,
Et la tête plus bas que si la guillotine
L'avait précipitée à l'ignoble panier.
Eh bien, es-tu toujours en humeur de nier
La puérilité grotesque de l'épée ?
Condamné, gracié, jouet d'une poupée,
Elle t'a donné lieu de la haïr, c'est vrai.
Te souviens-tu du jour où je te la livrai ?
Et maintenant c'est toi qu'il faut que je délivre.

L'EX-EMPEREUR.

Tu peux me délivrer ? Comment ?

L'ARCHIPRÊTRE.

                         Tu vas me suivre.

L'EX-EMPEREUR.

Par où?

L'archiprêtre lui montre dans le pavé une ouverture d'où il est sorti. On voit vaguement les premières marches d'un escalier.

L'ARCHIPRÊTRE.

Cet escalier invisible conduit
Vers un étroit couloir qui rampe dans la nuit.
Nous avons habité longtemps les catacombes;
Puis on nous a livré l'intérieur des tombes;
Le confessionnal nous donnait le dessous
De l'existence; enfants, vieux, par nous seuls absous,
Damnés par nous, faisaient l'Église souveraine
De toute l'action secrète et souterraine.
Quoi qu'on nous ait repris, il nous reste toujours
Bien des abris profonds et bien des chemins sourds.
Quant à nos partisans, ils sont encore en nombre.
Viens. Au moment voulu, nous sortirons de l'ombre,
Et nous aurons tremblants et vils sous nos talons
Ceux qui se seront crus sur notre tête.

L'EX-EMPEREUR.

Allons.

Ils descendent.

SCÈNE III

Dans une rue.

Foule. — Deux jeunes filles se hâtent.

CARMEN.

Dépêchons-nous, ou bien nous n'aurons plus de place.

CONCEPTION.

Courons.

Elles se cognent contre une fille toute jeune.

LA TOUTE JEUNE FILLE.

Dites donc, vous ! Stupide populace
Que vous êtes !

CARMEN.

Tiens ! mais c'est Pepita !

PEPITA.

Carmen !

CARMEN.

Est-ce que les taureaux sont remis à demain?

PEPITA.

Je ne le pense pas. Pourquoi?

CARMEN.

     Je te rencontre
Tournant le dos au cirque! Ou bien, c'est que ta montre
Retarde. Il est une heure!

PEPITA.

    Alors, j'avance un peu.

CARMEN.

Tu sais l'heure, et tu vas contre la foule, au lieu
De venir t'assurer ta place avec les miennes?
Mais on aura pris tout avant que tu reviennes!

PEPITA.

Je ne reviendrai pas.

CARMEN.

    Comment! tu manquerais
Des courses de taureaux, toi qui ne respirais
Que ces jours-là! Debout, pâle, aidant la victoire
De tes gestes, fiévreuse, ivre, tu semblais boire
Lorsque le sang coulait de l'acier rayonnant!

PEPITA.

On se blase sur tout, tu vois, car maintenant
Les taureaux, le combat, la victoire, la pluie
Sanglante, les chulos éventrés, tout m'ennuie.
Le bœuf tué par l'homme ou l'homme par le bœuf,
C'est très doux, j'en conviens, mais ce n'est pas très neuf.
Je comprends la tuerie et je lui rends justice;
J'admets parfaitement que la mort divertisse
Cinq ou six fois, vingt fois, cent fois, si vous voulez;
Mais les meilleurs ragoûts, jamais renouvelés,
Finissent par lasser l'estomac, et je lâche,
Pour le savoir par cœur, ce meurtre qui rabâche.
Je ne rêve pas mieux, je voudrais seulement
Qu'on variât le plat par l'assaisonnement,
Et qu'un homme d'esprit trouvât dans sa cervelle
Un changement quelconque, une mode nouvelle
D'égorgement, un autre aspect de cruauté,
Je ne sais quel gentil supplice inusité
Qui réveillât un peu cette monotonie
De bêtes et de gens mêlant leur agonie.
Je suis de ton avis, ces jeux sont amusants,
D'abord; j'ai ri de voir râler, mais j'ai quinze ans.

CARMEN.

Mais tu n'as donc pas lu l'affiche?

PEPITA.

Si. L'année
Dernière. La voici : — « La première journée,
On tuera cinq taureaux; la seconde, on tuera
Cinq taureaux; la troisième, on tuera... »

UN MARCHAND DE PROGRAMMES.

Señora,
Le programme.

CARMEN.

Donnez. — Tiens, lis.

PEPITA.

Je te répète
Que je le connais.

CARMEN.

Lis.

PEPITA, lisant.

« Programme de la fête.
La première journée, on tuera cinq... » Merci.

Elle veut lui rendre le papier.

CARMEN.

Lis.

ACTE V. — SCÈNE III.

PEPITA.

« Le spada... »

CARMEN.

Plus loin.

PEPITA.

« Mosquito... »

CARMEN.

C'est ici.

PEPITA.

« Le pâtre du taureau fera ce que personne
N'a fait avant lui. »

CARMEN.

Hein?

PEPITA.

Le pâtre? Je soupçonne.
Que c'est quelque bon tour d'un paysan épais.

CARMEN.

Viens y voir.

PEPITA.

A quoi bon?

CARMEN.

Ah ! fiche-nous la paix,
Par exemple ! Tu veux du neuf, je t'en propose,
Et tu n'es pas contente ! Au moins, on voit la chose.
Un paysan épais ! ils ne le sont pas tous.
On essaye.

PEPITA.

Essayons, soit. Je vais avec vous.
Voyons comment s'y prend un paysan stupide
Pour rendre le massacre un peu moins insipide.

Dans le toril.

DEUX TAUREAUX, UN JEUNE GARÇON

GIL, à l'un des taureaux.

Tu m'aimes, n'est-ce pas ? Mosquito, mes amours,
Tu m'aimes vraiment ?

MOSQUITO.

Gil !

GIL.

Tu m'aimeras toujours ?

MOSQUITO.

Comment cesserions-nous, ami, d'être les mêmes,
Moi pour toi, toi pour moi?

GIL.

Redis-moi que tu m'aimes.

MOSQUITO.

Qu'as-tu donc?

GIL.

Je n'ai rien. Redis-le-moi. Tu m'es
Dévoué? Souviens-toi que je ne t'ai jamais
Maltraité ni laissé manquer de nourriture.
Un jour que tu t'étais démis une jointure
En tombant dans un trou, t'ai-je assez bien soigné!
Une fois, je me suis rudement empoigné
Avec un animal qui te jetait des pierres.
Ah! ah! c'est là qu'il faut te gratter? tes paupières
S'entre-ferment; tu tends la tête; il me paraît
Que cette oreille trouve à la chose un attrait?
Quand nous étions enfants tous les deux, des vacances
D'écoliers s'effraieraient de nos extravagances.
Comme nous nous roulions dans l'herbe! As-tu grandi!
C'est que tu n'étais pas malheureux. A midi,
L'été, quand le soleil brûlait le pâturage,

Je savais te trouver un coin de bon ombrage
Avec une eau bien fraîche, et, dans le temps du froid,
Nous nous mettions ensemble à couvert sous mon toit.
Tu te souviens de tout cela, je t'en supplie?
Ces choses ne sont pas de celles qu'on oublie.
Bien sûr? Tu te souviens et tu te souviendras
Que nous jouïons ensemble, et que tu ne t'es pas
Douté beaucoup du rang infime de ta race?
Et tu te souviendras encore que c'est grâce
A mon constant souci de te fortifier
Que, te voyant si beau, si robuste et si fier,
Les génisses couraient à ta suite, gourmandes?

MOSQUITO.

Qu'est-ce que je t'ai fait pour que tu me demandes
Si je suis le plus vil des ingrats?

GIL.

Je m'en vais.

MOSQUITO.

Tu t'en vas?

GIL.

Je reviens sur-le-champ.

ACTE V. — SCÈNE III.

MOSQUITO.

Ah ! j'avais
Déjà peur.

GIL.

Sois tranquille, il faut que je te quitte
Un instant, mais tu vas me revoir tout de suite.

MOSQUITO.

Je te crois.

GIL.

Mosquito, parfois, comme en ce jour,
Nous nous sommes quittés un instant : quel retour
Tu me faisais alors ! Tu venais d'une lieue
Au-devant de l'ami que tu flairais, ta queue
Claquait comme le fouet d'un muletier pressé,
Tu me joignais, ton mufle heureux d'être embrassé
Gémissait un petit mugissement si tendre,
Puis, pliant les genoux, tu me laissais m'étendre,
De toute ma longueur sur ton grand dos pourpré,
Et tu me rapportais doucement à ton pré.

MOSQUITO.

Je veux bien cette fois t'y rapporter encore.

GIL.

Ce serait un peu loin.

MOSQUITO.

Pas assez. Je t'adore !
Ne crois pas que je sois le plus vil des ingrats.

GIL.

Quoi qu'il puisse arriver, tu te rappelleras
Mes soins ?

MOSQUITO.

Les oublier me serait moins facile.

GIL.

A bientôt, frère.

MOSQUITO.

Frère, à bientôt.

Gil sort.

L'AUTRE TAUREAU.

Imbécile !

MOSQUITO.

Imbécile ? Pour qui ce mot ?

L'AUTRE TAUREAU.

Pour un voisin

ACTE V. — SCÈNE III.

Idiot à ce point d'aimer son assassin.
Pour toi!

MOSQUITO.

Pour moi? Qui donc m'assassine?

L'AUTRE TAUREAU.

Ton frère.

MOSQUITO.

Gil! C'est pour me tuer...

L'AUTRE TAUREAU.

Ce n'est pas pour te traire,
Je suppose...

MOSQUITO.

Que Gil m'a conduit?... Est-ce donc
De cela qu'il semblait me demander pardon?...
Non! il aurait pleuré.

L'AUTRE TAUREAU.

Veau!

MOSQUITO.

Non!

L'AUTRE TAUREAU.

      Cœur charitable,
Combien donc étions-nous d'abord dans cette étable?
Cinq. Et nous ne restons maintenant que nous deux.
Les trois qui n'y sont plus, qu'est-ce qu'on a fait d'eux?
Crois-tu qu'ils soient couchés au frais sous la feuillée?
Tiens, ton frère a laissé la porte entre-bâillée;
De la place où je suis, je peux voir. Quel charnier!
Les deux premiers sont là, gisants. Mais le dernier
Est debout, et combat. Bien, camarade! Ah! comme
On l'environne! Il vient de renverser un homme.
Perce-le de ta corne! On agite un drapeau
Pour l'attirer ailleurs. Des flèches dans la peau!
Le sang sort de son front que la pointe déchire
Et lui remplit les yeux.

MOSQUITO.

    Tu mens! car j'entends rire.

L'AUTRE TAUREAU.

Aux éclats.

MOSQUITO.

Eh bien donc?

L'AUTRE TAUREAU.

     Jamais pareils transports

N'ont exprimé la joie humaine.

MOSQUITO.

Eh bien, alors?

L'AUTRE TAUREAU.

Eh bien, alors, mon cher, c'est très comique, un râle.

MOSQUITO.

Si tu disais vrai!... Non! le soleil en est pâle!
Non! Tuer est affreux déjà, mais, — tiens, tais-toi! —
Tuer joyeusement! C'est une sombre loi
Que celle qui contraint l'homme au meurtre, sous peine
De mort. Mange ou péris. Il frappe donc, sans haine,
Et comme on se résigne à la nécessité.
Il souffre autant que nous de son atrocité,
Et bien des fois sans doute, avant qu'il se décide,
Il hésite longtemps du meurtre au suicide.
Alors je lui pardonne, et je le lècherai
Pendant qu'il me tuera. Mais si tu disais vrai...
Si l'homme... Je te dis que ce n'est pas possible!
Le massacre content! le râlement risible!
Non! L'homme, qui nous est supérieur, gaîment
Assassiner! non! non! faire un amusement
D'un supplice effroyable encor que légitime!

Tuer par jeu, tuer en raillant la victime,
Tuer en éclatant de rire !

L'AUTRE TAUREAU.

      La façon
M'importe peu. Mon cher, tu m'as l'air d'un poisson
Qui s'inquiéterait de la sauce à laquelle
Il doit être mangé. Que ce soit dans l'écuelle
D'un mendiant ou bien dans l'assiette d'un roi,
Au rire ou bien aux pleurs, que je sois mangé, moi,
Ça m'est égal. Pourtant, si peu que Dieu m'exauce,
Je tâcherai de faire à ma mort une sauce
Piquante.

Entre un homme.

L'HOMME, à Mosquito.

  À toi. Viens.

MOSQUITO.

      Où ? Pourquoi n'est-ce pas Gil
Qui m'emmène ?

L'AUTRE TAUREAU.

      Il a honte. Ou peut-être craint-il
Que, te voyant livré, ta corne ne te venge.

MOSQUITO.

Non ! ils ne riraient pas. — Et pourtant c'est étrange
Qu'il ne soit pas venu. Qu'a-t-on fait de lui ?

L'HOMME.

Rien.

Entre de ton côté, Gil entrera du sien,
Et vous allez bientôt vous retrouver ensemble.

MOSQUITO, à l'autre taureau.

Entends-tu ?

L'AUTRE TAUREAU.

Je n'ai pas contesté, ce me semble,
Que ton frère voulût, aussi lui, rire un peu.

MOSQUITO.

Infâme !... — Et cependant... — Ce peuple croit en Dieu,
Il hante plus qu'aucun les églises, il grouille
De prêtres ! Tout cela dans ma tête s'embrouille.
Non, ce n'est pas vrai, Gil est un brave garçon
Et qui, de fait, rira bien fort — de ton soupçon.
J'en réponds. Si pourtant — oh ! ce doute m'assomme
Et je veux en finir tout de suite ! viens, homme ! —
Si tu ne t'étais pas trompé, si Gil voulait
Se faire de mon râle un jeu, tout Gil qu'il est,

Et quelle qu'ait été là-bas notre existence,
Je lui conseillerais de le faire à distance!

<small>Il suit l'homme.</small>

Dans le cirque.

CARMEN.

Au tour de Mosquito maintenant!

PEPITA.

        Il est temps
Eh bien ? c'est comme ça qu'il se dépêche ?

CARMEN.

         Attends
Que les morts soient rentrés et qu'on ait mis du sable
Sur les flaques.

<small>On enlève les cadavres et on jette de la terre sur le sang. Puis la porte du toril se rouvre, et Mosquito paraît.</small>

CARMEN.

C'est lui! Hein, est-il beau?

PEPITA.

         Passable.

ACTE V. — SCÈNE III.

MOSQUITO, à lui-même.

Non, les hommes, au fond, sont bons.

PEPITA.

Et puis? il dort?
Que fait-il donc ? il passe auprès d'un picador
Sans se ruer dessus !

MOSQUITO, à part.

Cher Gil !

CARMEN.

C'est au deuxième
Sans doute qu'il en veut.

PEPITA.

Il l'évite de même.
Tu me l'avais bien dit, c'est une nouveauté.

CARMEN.

Je ne m'explique pas... — Mais il va du côté
Des chulos ! Secouez vos capes ! Il se fâche.
Secouez donc plus fort !

PEPITA.

Il ne bouge pas.

CARMEN.

Lâche !

LE PUBLIC.

Honte !

PEPITA.

En effet, je n'ai jamais vu son pareil.

UN PLAISANT, à Mosquito.

Asseyez-vous, señor.

UN AUTRE.

Señora, le soleil
Va vous gâter le teint, voulez-vous une ombrelle ?

MOSQUITO.

Je n'aperçois pas Gil.

UN AUTRE PLAISANT.

Messieurs, pitié pour elle :
Elle n'a pas sa mère !

MOSQUITO.

Où donc est-il ?

LE PUBLIC, perdant patience.

Les chiens !
Les chiens !

UN BANDERILLERO, piquant une banderille dans le cou du taureau.

Ceci d'abord.

ACTE V. — SCÈNE III.

MOSQUITO.

Qu'est-ce donc que je viens
De sentir ? qu'ai-je là dans le cou ?

UN PLAISANT.

Philosophe !

LE PUBLIC.

Gredin !

MOSQUITO.

Cela me gêne. Et quelle est cette étoffe
Que cet homme m'agite aux yeux ? Finiras-tu ?

UN AUTRE BANDERILLERO, le piquant.

Si tu n'as pas trouvé le fer assez pointu,
On peut recommencer.

MOSQUITO.

Ah !

CARMEN.

Il mugit ! silence !

MOSQUITO.

Ces hommes à cheval ont en main une lance ;
Et cet autre, une épée ; ils m'en menacent ! Ha !
On avait donc raison !

CARMEN.

Tu vas voir, Pepita !

MOSQUITO.

Mais alors Gil... Je tremble ! — Ah ! celui-ci m'irrite
Les yeux !

Il court sur un chulo qui l'agaçait de sa cape.

UN PICADOR, *le frappant au passage.*

Bonjour.

CARMEN.

Ce coup de lance a son mérite.

PEPITA.

Peuh !

CARMEN.

L'œil de Mosquito brûle comme un charbon.
Quelle colère ! il va finir par être bon.

MOSQUITO.

Voilà ce qu'ils nous font ! Et ce cheval s'y prête !
Cette bête qui sert l'homme contre une bête !
Pour toi, traître !

CARMEN.

La corne est toute rouge, vois !

ACTE V. — SCÈNE III.

PEPITA.

Oui, ça m'a fait plaisir les vingt premières fois.

MOSQUITO.

Au deuxième cheval !

CARMEN.

Il n'est pas aussi sage
Qu'on le disait. Perez se met sur son passage !
Brave Perez ! il l'a coiffé de son manteau !

LE PUBLIC, applaudissant et riant.

Vive Perez !

CARMEN.

C'est bien de Perez ! Mosquito
Court, les yeux sous le drap ; vois, sa corne le crève ;
Il trébuche ; il s'étale !

LE PUBLIC, riant plus fort.

Ah ! ah !

CARMEN.

Il se relève.
Le cheval a peur.

MOSQUITO, frappant le cheval.

Tiens ! et tiens !

CARMEN.

S'il n'est pas mort,
Il n'en vaut guère mieux. Tout le ventre lui sort.
Il veut rester debout? il fait un pas? tu railles!
Ah! voilà qu'il se prend les pieds dans les entrailles!

PEPITA.

Et le neuf que tu m'as promis?

CARMEN.

Attends. — Tombé!
Et l'homme est pris dessous. C'est terrible!

PEPITA.

Oui, bébé.

MOSQUITO, au comble de la fureur.

Plus de chevaux? Alors, les hommes! — Race abjecte!
Bourreaux heureux! Le meurtre à mon tour me délecte!
Ah! c'est votre désir de me voir me fâcher
Et défendre ma vie? Eh bien, je vais tâcher
De vous plaire! — Attends, toi. Tu voudrais fuir?... Il saute
Par dessus la barrière. Ah! lâche! Elle est trop haute.
Voyons si celui-ci sera plus courageux.
Non. Cet autre? Non plus. J'ai pris goût à vos jeux,
Jouons donc! Tous enfuis! Lâches! Qu'on m'en renvoie
Un, n'importe lequel, un seul, que je le broie,

Et qu'il devienne horrible à ses señoritas,
Et que je le piétine, et que j'en fasse un tas
De fange rouge!

Entre Gil.

Un homme! Ah!

Il se précipite sur lui.

GIL.

Mosquito!

MOSQUITO.

Gil!

GIL.

Frère!

MOSQUITO.

Est-ce qu'on t'avait dit ce qu'on devait me faire?

GIL.

Si l'on me l'avait dit, viendrais-je à ton secours?

MOSQUITO.

Tu viens me secourir?

GIL

Mais oui!

MOSQUITO.

Nous sommes courts
D'intelligence, nous, et faits pour qu'on s'amuse.

GIL, pâlissant.

Tu crois ?...

MOSQUITO.

Non. Ce serait trop imprudent. Excuse
Un animal que l'homme a rendu soupçonneux.
Tous ces fronts que tu vois ont des démons en eux,
Mais on peut être un homme et pourtant être honnête.
Tu m'aimes ! Retournons chez nous. Ta maisonnette
Est charmante au soleil couchant, quand nous rentrons.
— J'ai du moins éventré leurs complices. — Poltrons !
Ils ont bien fait de fuir. Les autres bêtes fauves
Sont braves. — Mais ils sont cause que tu me sauves.
Merci, monstres ! Je saigne, oui ; tu me guériras.
O pauvre cher ami, prends mon cou dans tes bras,
Et parle. J'ai douté de toi, quelle folie !
Partons. Tu vas monter sur mon dos. Tiens, je plie
Les genoux. Suis-je bien ?... — D'où vient qu'on applaudit ?

LE PUBLIC.

Bravo, Gil ! — C'est très beau ! — Vivat ! — Il l'avait dit !
C'est étonnant !

MOSQUITO.

Pourquoi ces cris sur les estrades?

GIL.

Ils sont touchés de voir deux si bons camarades.

MOSQUITO.

Eux touchés? — Viens.

LE PUBLIC.

Bravo! Faut-il être animal!
C'est qu'il a l'air content, encore!

CARMEN, à Pepita.

Eh bien?

PEPITA.

Pas mal.

CARMEN.

Ça te dégèle? Un tigre en agneau! Brute! il pleure.
D'amitié.

MOSQUITO, arrivé à la porte du toril.

C'est la porte. Ouvre-la.

GIL.

Tout à l'heure.

MOSQUITO.

Pourquoi?

GIL.

Laissons-leur voir un moment notre amour,
Puisque cela leur fait plaisir.

MOSQUITO.

Comment ! c'est pour...
Qu'est-ce que tu dis ? — c'est pour cette horrible foule
Que tu me retiendrais ici, quand mon sang coule !

GIL.

Rien qu'un moment. Faisons le tour du cirque.

MOSQUITO.

Soit.
Mais je ne comprends pas.

LE PUBLIC.

Vaillant Gil ! — On conçoit
Les dompteurs de lions ! — Que cette bête est bête !

CARMEN.

Gil, je t'aime !

CONCEPTION.

Regarde, il lui gratte la tête,
Et l'autre croit que c'est tout de bon.

CARMEN.

Ane !

Applaudissements et rires.

MOSQUITO, s'arrêtant court.

On rit.

GIL.

Non.

MOSQUITO.

Si !

GIL.

C'est qu'on nous trouve alors beaucoup d'esprit.

MOSQUITO.

A nous ?

GIL.

Sans doute.

MOSQUITO.

Ou bien à toi ?

GIL.

Que veux-tu dire ?

MOSQUITO.

Lorsque je suis tombé, cela les a fait rire.
Ils ont pour être gais quelque affreuse raison.
Ce serait de l'esprit pour eux — ta trahison.

GIL.

Mosquito !

MOSQUITO.

Partons.

Il se retourne brusquement vers la porte du toril, et la voit gardée par les chulos, picadores, banderilleros, etc.

Ah !

GIL.

Je vais dire à ces hommes
Deux mots. Attends-moi là.

MOSQUITO.

Parle-leur d'où nous sommes.

GIL, sautant à terre.

Il faut...

MOSQUITO.

Je te défends de me quitter ! Dis-toi
Que tu ne sortiras qu'avec et comme moi.

GIL.

Au secours !

Il s'élance pour s'enfuir.

MOSQUITO, le renversant.

Non. — S'ils font un seul pas, je te tue !

GIL, aux gens de l'arène.

N'avancez pas !

LE PUBLIC.

Bravo!

CARMEN.

La chose s'accentue.

PEPITA.

C'est drôle.

MOSQUITO.

Donc, c'était une dérision!
Donc, ma reconnaissance et mon effusion
Étaient dans le programme! Et l'on vient en famille!
— Ils ont beau m'agacer les yeux de leur guenille,
Je ne te lâche pas! — Eux, ils sont dans leur droit:
Je ne suis pas leur frère. On leur offre un surcroît
D'assassinat, ils sont hommes. Vous tous qu'attire
Ici l'odeur du sang et qu'égaie un martyre,
Hommes, femmes, garçons, fillettes de seize ans,
Amoureux, scélérats, vous êtes innocents!
Mais toi! Parce qu'on t'aime! Oh! mais quel misérable!
Avoir imaginé cette joie exécrable
D'un patient qu'on dupe et dont l'œil éperdu
Fête comme un sauveur celui qui l'a vendu!
Et qu'après l'avoir bien tiré d'inquiétude
On le rende à l'épée, et que sa gratitude

Vous ait remercié de le tuer deux fois!
Faire de notre vie en commun dans les bois,
De ma croyance en toi, de mes pleurs de tendresse,
De mon mufle sanglant qui cherche ta caresse,
De tout mon pauvre cœur déjà ressuscité,
Un enjolivement de la férocité!
Rendre l'assassiné ridicule! Ces choses
Se rêvent! Et sans doute, après, tu te proposes
De vivre, de marcher, de regarder les cieux!
En vivant très longtemps tu ne ferais pas mieux;
Et la perfection de ton ignominie
Est telle de ce coup — que ta vie est finie.
Je te devrais un meurtre élégant et charmant,
Mais la mort ne peut pas exiger décemment
D'un lourdaud tel que moi l'agrément dont tu l'ornes;
Je n'ai pas ton esprit, je n'ai que mes deux cornes;
Alors, tout bêtement, et sans répit moqueur,
Je vais te les planter — tiens, je te flatte — au cœur!

GIL.

Au secours!

MOSQUITO, le frappant.

Les sens-tu, frère? — C'est fait. Tu baves
Ton âme.

Aux spadas.

A présent, vous, tuez-moi. Soyez braves
Sans crainte. Je n'ai plus de haine, il a tout pris,
Et ne m'a plus laissé pour vous que du mépris.
Venez vite ajouter mon cadavre à vos fêtes,
Car j'ai hâte d'aller hors d'un monde — où vous êtes !

La foule se précipite, arrache les barrières et les portes, chasse
les tueurs et démolit le cirque.

SCÈNE IV

Sous terre.

L'EX-EMPEREUR, L'ARCHIPRÊTRE

L'ARCHIPRÊTRE.

Suis-moi toujours. J'y vois pour toi.
S'arrêtant.

Mais entends-tu?...
— Rien. — Il m'avait semblé, le cœur m'en a battu,
Que j'entendais là-haut, oui, dans l'église même...
Et que la voix était celle... — J'en suis tout blême.
Je me trompais. Ce sont les frissons de la nuit.
Continuons. Suis-moi.
S'arrêtant encore.

Mais non ! c'est bien un bruit
De voix. Écoute. Écoute ! Oui, c'est chez nous qu'on crie !
Mais c'est l'invasion d'une foule en furie !

On viole l'église ! Oh ! c'est d'un poing brutal
Qu'ils nous ont arraché l'école et l'hôpital,
Mais s'ils venaient chez lui provoquer le lévite ?...
S'il se pouvait que l'homme en fût là !... — Montons vite !

SCÈNE V

Dans une église.

Au-dessus de l'entrée du chœur, un haut entrait qui porte une croix dont le Jésus est de grandeur d'homme.

JÉSUS.

Au secours ! — Avoir eu le baiser de Judas
Sur la figure, puis le crachat des soldats ;
Avoir entendu ceux pour qui je me dévoue
Rire aux éclats du bois infâme où l'on me cloue
Et Pierre lâchement me renier trois fois ;
Le crachat, le baiser, le reniement, la croix,
J'acceptais tout ; souffrir ce n'est rien, le supplice
Est de faire souffrir. Ils m'ont fait le complice
De leurs fureurs ; comment ont-ils prêché le Dieu
De paix et de douceur ? par le fer et le feu ;
Ils ont fait de la croix la pire des épées.
O générations au nom du Christ frappées,

Protestants, juifs, tués des Saint-Barthélemys
Et des Cévennes, morts de tout ce qu'a commis
L'Église, condamnés ruisselant sur les claies,
Tous les martyrs ! le sang qui coule de mes plaies
C'est le vôtre. — Au secours ! — Moi qui voulais que tous
Fussent frères ! — Oh ! qui m'ôtera de ces clous ?
Je veux sortir d'ici, m'en aller loin des Romes
Et des Jérusalems, marcher parmi les hommes,
En être un ! Au secours ! A moi, ceux du dehors !
Venez me délivrer ! Nul ne m'entend. Alors
Je me délivrerai moi-même ! — Ces clous tiennent
Affreusement. — J'entends, je crois, des gens qui viennent...
Non. — Ressayons. Je fais des efforts superflus.
Encor. Rien ! Je suis trop affaibli ; je n'ai plus
De sang, tant ils en ont versé. Toutes les villes
En ont à leurs pavés... — Ces efforts inutiles
M'ont achevé ; je sens mon regard se voiler,
Et je n'ai même plus la force d'appeler.

Ses yeux se ferment et il laisse tomber sa tête sur sa poitrine.
Entre une foule parmi laquelle Faust.

PREMIER ENTRANT.

Qui donc criait ?

UN AUTRE.

Pourtant c'était d'ici.

LE PREMIER.

      Personne !

L'AUTRE.

Mais voyez donc le Christ ! on dirait qu'il frissonne.

LE PREMIER.

Et que sa bouche veut parler.

L'AUTRE.

      Oui, c'était lui.
On sent qu'il aura fait quelque effort inouï
Pour s'arracher de là.

UN TROISIÈME.

    Qu'est-ce que tu nous prêches ?

L'AUTRE.

Les trous de ses clous ont des déchirures fraîches.
Oh ! comme il a tordu ses pauvres bras blessés !
Aidons-le.

LE TROISIÈME.

Non.

L'AUTRE.

Tu vois qu'il souffre.

LE TROISIÈME.

      Pas assez.

L'AUTRE.

N'as-tu pas de pitié ?

LE TROISIÈME.

D'un dieu ? Non, je m'en vante !
Les dieux sont tout le crime et toute l'épouvante,
Et je hais à la mort, que ce soit Anubis
Ou ton Jésus, tous ceux que le monde a subis.
D'abord, parce que j'ai la haine de tout maître,
Et quels maîtres les dieux ! parce que, moi, j'aime être
Debout et qu'ils ont fait peser le ciel sur nous
Si lourdement que l'homme a plié les genoux.
Et puis, parce qu'ils ont les mains de sang trempées ;
Parce que Jéhovah dit : Prenez vos épées
Et, vous ruant parmi le camp, exterminez
Vos frères et vos fils ! Les dieux sont forcenés
Jusqu'à ne pas choisir où leur colère frappe,
Tellement qu'à Béziers c'est le légat du pape
Qui dit : Tuez tout, Dieu reconnaîtra les siens !
Tu trouves monstrueux, chrétien, les dieux anciens
Pour vous avoir jetés aux bêtes : c'est aux flammes
Que vous décernez, vous, les hommes et les femmes ;
Le cirque est puéril près du quemadero ;
Avoir été martyr te fait meilleur bourreau.

Les dieux sont sans pitié même pour leurs sectaires ;

Et, s'amputant famille et cœur, les solitaires
Vont, en vivant avec l'hyène et le chacal,
Se préparer au dieu de l'enfer; et Pascal,
Jugeant qu'en ce bas monde on a trop de délices,
S'enfonce dans la chair la pointe des cilices,
Et la dévotion est plus grande et le dieu
Qui chevauche le tigre et qui crache le feu
Rit sur son chariot quand les mères hindoues,
Leurs enfants dans les bras, se jettent sous les roues.
Tous, le vieillard qui râle et l'enfant qui vagit,
Sentent rôder près d'eux un culte qui rugit,
Et l'œil avec terreur, dans la route nocturne,
Va de l'ongle de Bel à la dent de Saturne.
Ah! l'homme périrait sous tous ces dieux bandits.
Mais ils viennent alors, les négateurs hardis,
Les noirs chasseurs du ciel dont le rude épieu broie
Les doctrines de nuit et les dogmes de proie,
Molière qui porta le flambeau quand don Juan
Eut à souper la mort, Eschyle le titan
Qui contre Jupiter défendit Prométhée,
Socrate assassiné par les dieux grecs! Athée,
Sceptique, destructeurs sombres ou radieux,
Je bénis tous les grands belluaires de dieux !

Pitié des dieux? Moi, j'ai pitié de la victime
Que déchirent leurs crocs et leurs griffes. J'estime

Que, lorsqu'on tient un dieu, le lâcher serait fou..
Et je trouve excellent que celui-ci soit où
Il est, puisqu'il en souffre, et que ce soient ses prêtres
Qui le maintiennent là saignant, et que ces traîtres
Lui chantent pour surcroît : *Gloria Domino!*
Je plains l'homme; plaignez le tigre!

L'AUTRE.

Il est l'agneau!
Les autres sont la fauve et dévorante engeance;
Il est, lui, la bonté, l'amour et l'indulgence;
Toute sa loi se dit d'un mot : Entr'aimez-vous.
Il fait grâce à la femme adultère; il est doux
A ses bourreaux; il dit à Pierre de remettre
Son épée au fourreau. C'est la faute du prêtre,
Non la sienne, ce qui t'indigne. Lui cruel?
Mais c'est parce qu'il s'est précipité du ciel
Pour venir au secours de l'humaine faiblesse
Qu'il est sur cette croix où tu veux qu'on le laisse!
Les autres dieux n'étaient que haine et que trépas,
Soit; mais Jésus est un sauveur.

LE TROISIÈME.

Je n'en veux pas!
Ah! c'est là la suprême injure faite à l'homme!
Mais que sommes-nous donc? Adam mange une pomme,

La Bible dit : « — Adam a commis un péché;
Alors à tout jamais l'homme naîtra taché. »
Ce sont ces choses-là que prêche mainte église.
Vous tremblez. L'Évangile alors vous tranquillise :
— « Adam vous a salis, mais calmez-vous, voici
Christ qui vient vous laver. » Évangile, merci!
Sur la fatalité tu mets encor la grâce!
Adam pèche pour moi, Christ est bon à ma place.
Entre la Bible et toi nous ne sommes plus rien;
Adam nous prend le mal et Christ nous prend le bien!
La pauvre humanité, damnée ou délivrée,
Porte la vie ainsi qu'un laquais sa livrée.
Qu'est l'homme? un vil semblant, qui, dépendant d'autrui,
N'a pas une vertu ni même un crime à lui!
Tellement étranger au bien dont il hérite
Que c'est par un forfait qu'il revient au mérite
Et qu'il s'améliore en tuant son sauveur!
Et qu'est-ce que ce ciel de rage et de faveur
Qu'on voit frapper le bon pour le méchant et faire
De l'arbre de l'Éden le gibet du Calvaire?
Moi, je ne consens pas à cette iniquité
Qui, pour le mal d'un seul, frappe l'humanité
Et qui, parce qu'un seul fait bien, sauve le monde.
Le juste est que chacun de ce qu'il fait réponde :
Je ne dois pas souffrir si je suis innocent,

Et si je me suis fait des taches, c'est mon sang
Qui doit les laver, non celui de Christ. Je trouve
Que, si je dois, il faut d'abord qu'on me le prouve;
Je ne veux pas payer pour un autre; une fois
Qu'il me sera prouvé que c'est bien moi qui dois,
Personne ne fera que mon âme se vautre
Jusqu'à payer ses torts du supplice d'un autre,
Et c'est une douceur dont je suis irrité
Que mon acquittement soit une charité !
Je m'acquitterai seul! Quelle que soit sa zone,
Personne n'a le droit de me faire l'aumône !
Je ne tends pas la main au ciel ! Non, je te dis,
L'homme, cet assiégeant fauve des paradis,
Cet immense gagneur des batailles futures,
Ce donneur de sa vie aux grandes aventures,
Ce preneur de demain et ce voleur du feu,
N'est pas un mendiant pour qu'on lui jette un dieu !

FAUST.

Tu dis bien dans un sens. Il te plaît qu'on soit maître
Et seigneur de son sort. Tu ne veux pas plus être
Amnistié pour l'un que pour l'autre proscrit.
Tu ne veux hériter ni d'Adam ni de Christ.
Cette conviction te serait opportune
Que tu n'aurais pas fait toi-même ta fortune.

Toi tout seul. C'est très fier — et très outrecuidant.
Tu ne veux rien devoir? Tu dois bien cependant
Quelque chose à quelqu'un, ne fût-ce que la vie.
Que fais-tu de ta mère? Ah! qu'on en ait envie
Ou chagrin, tout se tient, et personne n'est seul,
Et le dernier enfant a du premier aïeul.
Tu restes joint, si fort que cela t'exaspère,
A ton père, à son père, aux pères de son père.
Tous les êtres entre eux ont de profonds accords.
Le passé, le présent, l'avenir, tout fait corps.
Dis tant que tu voudras : C'est par moi que j'existe !
Oui, mais pas par toi seul. Il n'est pas d'égoïste.
Nul ne peut se vanter d'être son seul auteur.
On a le genre humain pour collaborateur,
Pas seulement Adam et Jésus, — tous les hommes.
Pour collaborateur, rien de plus, et nous sommes
Nous aussi nos auteurs! Le Calvaire et l'Éden
Ont tort de nous traiter avec ce grand dédain,
Et les hommes, malgré la pomme et le baptême,
Ne se laisseront pas exproprier d'eux-même,
Mais Adam et Jésus, vrais dans leur fausseté,
Ébauchent vaguement la solidarité ;
Ils ébauchent, celui qui nous lègue sa peine
La solidarité de la famille humaine,
Et celui qui pour nous boit l'éponge de fiel

La solidarité de la terre et du ciel.

Toute religion a de bons côtés. Toute
A des côtés affreux et d'où le sang dégoutte.
Les dieux sont mauvais? Soit. A qui la faute? à nous.
Christ n'est pas le seul dieu fils de l'homme. Ils sont tous
Notre œuvre. Les uns sont les forces naturelles
Dont les races ont eu l'oppression sur elles ;
Nous nous les sommes faits avec les éléments,
L'air, la terre, le feu, les grands flots écumants,
Avec la foudre, avec les crachements de flammes
Des Etnas furieux, et c'est, quand tu les blâmes,
Comme si tu disais que le tonnerre a tort,
Comme si tu montrais le poing au vent du nord
Ou comme si la mer te mettait en tempête.
Une espèce de dieux non moins terrible est faite
Avec nos passions; hautains, jaloux, haineux,
Ils sont nous, et c'est toi que tu maudis en eux.

D'autres dieux sont, tueurs de monstres et de vices,
Des hommes qui nous ont rendu de grands services
Et dont, par la légende à l'infini grandis,
Les fronts sont dans l'Olympe ou dans le paradis.
Restitue à ceux-ci leur stature ; étant hommes,
Plus grands que nous, ils sont pourtant ce que nous sommes ;
Montre en eux ce qu'on peut trouver dans les meilleurs,
Des erreurs et du mal ; dis que, supérieurs

A leurs siècles, ils sont inférieurs aux nôtres,
Dis que les horizons de notre temps sont autres,
Que leur progrès serait notre recul, qu'ils ont
Nié des vérités et des mondes qui sont,
Que la terre a changé d'axe et que le solstice,
Qui fut pour eux la grâce, est pour nous la justice ;
Mais, ayant dit cela, si tu n'ajoutes pas
Qu'ils restent bienfaiteurs de tous, tu ne feras
Que les grandir encor de ton ingratitude !

Donc prenons tous les dieux avec mansuétude
Et, sans plier devant aucun d'eux le genou,
Amnistions Allah, Zeus, Jéhovah, Vichnou,
Tous les dieux que la peur de l'homme enfant encense,
Mais remettons à terre avec reconnaissance
Ceux qui ne sont montés à la divinité
Qu'en donnant à la triste et faible humanité
Par les hydres ou par les césars asservie
Comme Hercule leur bras et comme Christ leur vie.

LA FOULE.

Délivrons-le ! Voici des échelles.

On dresse les échelles. — Entrent le prêtre et l'ex-empereur.

L'ARCHIPRÊTRE.

Eh bien !
Qu'est ceci ! Je croyais être en pays chrétien !
Sacrilège ! — Arrêtez, ou le ciel vous foudroie !
Non ? Mais de quel démon est-on ici la proie ?
Toucher au Christ ! horreur ! Comment ! vous persistez !

L'EMPEREUR.

Ne crains rien pour ces clous, je les ai bien plantés.

L'ARCHIPRÊTRE.

Toi !... — Tu dis que...

L'EX-EMPEREUR.

C'est moi, oui, qui sur le Calvaire
Ai fait l'ouvrage. Donc, ces gens auront beau faire,
Ils ne réussiront qu'à le consolider.
Seul je pourrais...

L'ARCHIPRÊTRE.

Tu vois que les clous vont céder !

L'EX-EMPEREUR.

Non.

L'ARCHIPRÊTRE.

Va les raffermir !

FUTURA, apparaissant.

Va les arracher!

L'EX-EMPEREUR.

Elle!

L'ARCHIPRÊTRE.

Va donc!

FUTURA.

Va!

L'ex-empereur se dirige vers une échelle.

L'ARCHIPRÊTRE, à la foule.

L'empereur!

Tous reculent; et ceux qui étaient montés redescendent.

Ah! vil ramas rebelle!
Vous le croyiez les uns captif, les autres mort;
Le voici devant vous, lui le maître et le fort;
Et tremblez tous, il faut que l'impiété sache
Ce qu'on gagne à toucher au prêtre!

A l'ex-empereur qui est monté.

Enfonce!

FUTURA.

Arrache!

L'ARCHIPRÊTRE, suivant avec anxiété les mouvements de l'ex-empereur.

Ah çà, que fais-tu donc? Tu retires ce clou

ACTE V. — SCÈNE V.

Pour en mettre un meilleur? Non. — Un autre? es-tu fou?
— Ceux des mains à présent! Mais c'est une infamie!
Mais tu fais ce que veut cette tourbe ennemie
Qui te coupait le cou !

L'ex-empereur a décloué Jésus.

    Tu le descends? Tu vas
Le leur donner !

LA FOULE.

Vivat !

L'ARCHIPRÊTRE.

    Entends-tu leurs vivats?
Niais! Voleur de Dieu! Dieu nous appartient!

L'ex-empereur va à Futura, et sans une parole dépose Jésus devant elle.

LA FOULE.

        Comme
Il est pâle !

FAUST.

Meurs dieu pour ressusciter homme !

LA FOULE.

Il semble qu'il renaît.

FAUST.

   Oui.

VOIX DANS L'IMMENSITÉ.

Les dieux sont absous!

FUTURA, à l'ex-empereur.

Merci.

FAUST.

Sortons d'ici.

Tous sortent. — L'archiprêtre reste seul avec l'ex-empereur.

L'ARCHIPRÊTRE.

Seul — Traître! Ils s'en vont tous!
— Pour cette fille! Après que tu m'as dit toi-même
Que tu la haïssais!

L'EX-EMPEREUR.

Je me trompais, je l'aime.

?

En plein air. Une table servie dont on ne voit pas les bouts.

———

LA FOULE.

Tout est prêt. Il est temps d'avertir Futura.

Un des convives y va.

Cette fois-ci, la terre entière s'assoira.
Au bienheureux banquet de lumière et de vie.
C'est la table sans fin où Futura convie
Tous les êtres.

L'envoyé reparait.

Eh bien ?

L'ENVOYÉ.

Elle n'est plus ici.

LA FOULE.

Comment!

L'ENVOYÉ.

Je l'ai cherchée en vain.

L'EX-EMPEREUR.

Retournons-y!

L'ENVOYÉ.

Inutile. Elle a pris une voie inconnue.

Paraît Faust.

LA FOULE.

Tu viens sans Futura! Qu'est-elle devenue?

L'EX-EMPEREUR.

Père, où donc est ta fille? Elle m'a transformé.
Je suis plus différent de moi-même que mai
N'est de décembre. J'ai des visions confuses,
Mais je sens que je meurs si tu me la refuses!
Père, où donc est ta fille?

FAUST.

En route.

LA FOULE.

Encor?

FAUST.

       Toujours.

LA FOULE.

Après avoir marché sous des soleils si lourds
Tant de siècles, après cette chasse obstinée
Des générations traquant la destinée,
Nous pensions avoir bien gagné de nous asseoir
Et que nous méritions notre repas du soir.

FAUST.

Vous n'êtes pas au soir, vous êtes à l'aurore.

LA FOULE.

Combien de vérités nous avons fait éclore!
Que de sueurs! Quels champs d'idée ensemencés!
Faust, nous croyions avoir fini.

FAUST.

       Vous commencez.

LA FOULE.

Le jour où Futura nous fit quitter la table,
Elle nous dit, devant un monde épouvantable,
Qu'elle ne mangerait qu'avec tous les vivants.
Eh bien, vois. Ignorants d'hier promus savants,
Continents ennemis jadis, maintenant frères,
Bêtes, dieux, tous, divers toujours, non plus contraires,

Ceux qui faisaient et ceux qui subissaient la loi,
Nous n'avons oublié personne.

LES ASTRES.

Et nous?

L'INFINI.

Et moi?

Tous se remettent en marche.

TABLE

TABLE

PROLOGUE

	Pages.
Les ruines de la bibliothèque d'Alexandrie.	3

ACTE I

Scène I.	— Deux mauvais pères.	21
— II.	— L'école buissonnière.	36
— III.	— Par où l'homme est grand.	48
— IV.	— La tristesse de Futura.	54

ACTE II

Scène I.	— Sous un arc de triomphe.	67
— II.	— Les instructions de l'empereur.	72
— III.	— Les instructions de l'archiprêtre. . . .	76
— IV.	— La bataille des balles et des lettres . .	81
— V.	— Futura prisonnière.	97

ACTE III

	Pages
SCÈNE I. — Des lampions!.	119
— II. — Le bon tyran.	124
— III. — Les brûleurs de livres..	126
— IV. — Le chœur des caractères..	132
— V. — Enterrement civil.	135

ACTE IV

SCÈNE I. — L'incrédulité de la montagne.	149
— II. — Les circonstances atténuantes des empereurs	155
— III. — Nouvelle médecine..	168
— IV. — Exécution manquée..	177

ACTE V

SCÈNE I. — Ouverture du Parlement du monde. . . .	205
— II. — Le supplice de l'empereur.	217
— III. — La pitié pour les animaux.	223
— IV. — Sous terre	254
— V. — La pitié pour les dieux.	256

?

Paris. — Typ. G. Chamerot, 19, rue des Saints-Pères. — 25674.

www.ingramcontent.com/pod-product-compliance
Lightning Source LLC
Chambersburg PA
CBHW052243220526
45471CB00001B/170